Kauderwelsch

Band 103

Wir drucken auf CHLORFREIEM PAPIER

Der
Reise Know-How Verlag Peter Rump GmbH
ist Mitglied der Verlagsgruppe

REISE KNOW-HOW

Kauderwelsch

Galicisch Wort für Wort

Katharina Diestelmeier
David Casado Neira

Kauderwelsch Band 103
Galicisch - Wort für Wort
von Katharina Diestelmeier und David Casado Neira

Reise Know-How Verlag Peter Rump GmbH
Hauptstraße 198
D-33647 Bielefeld (Brackwede)

1. Auflage 1996
ISBN 3-89416-309-7 (Paperback, DM 14.80)
ISBN 3-89416-899-4 (Hardcover, DM 26.80)

Bearbeitung & Gestaltung: Michael Blümke

Fotos: die Autoren

Druck, Bindung: Fuldaer Verlagsanstalt GmbH, Fulda

Zu diesem Buch ist eine **Tonband-Kassette** erhältlich.
Näheres dazu steht auf Seite 9.

Inhalt

Kauderwelsch-Sprechführer sind anders!

Warum? Weil sie Sie in die Lage versetzen, wirklich zu sprechen und die Leute zu verstehen.

Wie wird das gemacht? Abgesehen von dem, was jedes Sprachbuch bietet, nämlich Vokabeln, Beispielsätze etc., zeichnen sich die Bände der Kauderwelsch-Reihe durch folgende Besonderheiten aus.

Die **Grammatik** wird in einfacher Sprache so weit erklärt, daß es möglich wird, ohne viel Paukerei mit dem Sprechen zu beginnen, wenn auch nicht gerade druckreif.

Alle Beispielsätze werden doppelt ins Deutsche übertragen: zum einen **Wort-für-Wort,** zum anderen in "ordentliches" Hochdeutsch. So wird das fremde Sprachsystem sehr gut durchschaubar. Denn in einer fremden Sprache unterscheiden sich z. B. Satzbau und Ausdrucksweise recht stark vom Deutschen. Ohne diese Übersetzungsart ist es so gut wie unmöglich, schnell einzelne Wörter in einem Satz auszutauschen.

Die **Autorinnen** und **Autoren** der Reihe sind Globetrotter, die die Sprache im Land selbst gelernt haben. Sie wissen daher genau, wie und was die einfachen Leute auf der Straße sprechen. Deren Ausdrucksweise ist nämlich häufig viel einfacher und direkter als z. B. die Sprache der Literatur.

Besonders wichtig sind im Reiseland die **Körpersprache, Gesten, Zeichen und Verhaltensregeln,** ohne die auch Sprachkundige kaum mit Menschen in guten Kontakt kommen. In allen Bänden der Reihe wird darum besonders auf diese Art der nonverbalen Kommunikation eingegangen.

Kauderwelsch-Sprachführer sind keine Lehrbücher, aber viel mehr als Sprachführer! Wenn Sie ein wenig Zeit investieren und einige Vokabeln lernen, werden Sie mit ihrer Hilfe in kürzester Zeit Informationen bekommen und Erfahrungen machen, die "taubstummen" Reisenden verborgen bleiben.

Vorwort

In der nordwestlichen Ecke der Iberischen Halbinsel gelegen, ist Galicien ein Landstrich, in dem es viel zu entdecken gibt. Schon seit dem Mittelalter ist Santiago de Compostela Ziel der Pilger, die auf dem Jakobsweg Nordspanien durchqueren. Heutige Reisende haben viele Möglichkeiten, Galicien auch außerhalb seiner berühmten Hauptstadt kennenzulernen.

Mit einigen grundlegenden Galicisch-Kenntnissen wird Ihnen das Reisen auf eigene Faust leichter fallen. Sie können sich in alltäglichen Situationen besser zurecht finden, dem Land näherkommen und sich mit seinen Bewohnerinnen und Bewohnern verständigen: mit Ihrem Nebenmann im Bus oder Zug, oder wenn Sie in einem Dorf nach dem Weg fragen.

Mit diesem Kauderwelsch-Sprachführer wollen wir Ihnen den Einstieg ins Galicische ermöglichen. Eine kurze Einführung in die Grammatik und die wichtigsten Sätze für verschiedene Gesprächssituationen sollen Ihnen helfen, einfache Unterhaltungen zu führen. Wir können Ihnen zwar so die Regenschauer in Galicien nicht ersparen, aber vielleicht dazu beitragen, daß sie einen angenehmen Aufenthalt dort haben.

Hinweise zur Benutzung

Der Kauderwelsch-Band "Galicisch" ist in drei Abschnitte gegliedert:

Die **Grammatik** ist sehr kurz gehalten und beschränkt sich auf die wichtigsten Regeln, die für eine Unterhaltung nötig sind. Besonders komplizierte Konstruktionen oder Unregelmäßigkeiten wurden weggelassen, da sie am Anfang eher verwirren und oft für erste Gespräche gar nicht nötig sind.

Der **Konversationsteil** ist nach Themen geordnet. Dort finden Sie Vorschläge für Sätze, die in der jeweiligen Situation geeignet sind, und Wörterlisten, mit deren Hilfe Sie die Sätze ergänzen können. Die Wort-für-Wort-Übersetzung soll Ihnen helfen, selbst Sätze zu bilden. Sie steht zwischen dem galicischen Satz und der "richtigen" deutschen Übersetzung und entspricht genau der galicischen Wortfolge. So können Sie genau die Struktur des Originalsatzes erkennen und je nach Bedarf einzelne Elemente verändern. Wird ein galicisches Wort durch zwei oder mehr deutsche Wörter übersetzt, werden diese in der Wort-für-Wort-Übersetzung mit einem Bindestrich verbunden:

Quero un café/un té.
(ich-)will ein Kaffee/ein Tee
Ich möchte einen Kaffee/einen Tee.

Der Schrägstrich in den Beispielsätzen kennzeichnet mögliche Alternativen, z.B. wie hier beim Vokabular, oder die männliche und weibliche Endung eines Wortes. Drei Punkte weisen darauf hin, daß z.B. ein Name oder ein Wort aus der Wörterliste ergänzt werden muß:

¿Canto custa ...?
Wieviel kostet ...?

Fassen Sie die Beispiele des Konversationsteils als Anregungen auf, und haben Sie den Mut, selbst Sätze zu bilden und einfach mal was auszuprobieren.

Die **Wörterlisten** am Schluß des Buches umfassen ca. 1000 Wörter Deutsch-Galicisch und Galicisch-Deutsch und stellen damit einen Grundwortschatz dar, mit dem Sie schon recht weit kommen.

A NOSA TERRA

ANO XVI · 2 DE SETEMBRO · 1993 PERIÓDICO GALEGO SEMANAL Nº 585 · 150 PTA

Kauderwelsch-Kassette

Falls Sie sich die Sätze, die in diesem Buch vorkommen, einmal von einem Einheimischen gesprochen anhören möchten, dann können Sie sich die Kauderwelsch-Begleitkassette zu diesem Buch besorgen. Jeder Buchhändler kann sie beziehen. Sie bekommen sie aber auch beim Peter-Rump-Direktversand. Die Adresse steht vorn im Impressum. Kostenpunkt: DM 14,80 plus DM 4,50 für Porto und Verpackung.

Zahlen

Um den Umgang mit Zahlen zu erleichtern, wird auf jeder Seite dieses Kauderwelsch-Bandes die Seitenzahl auch auf Galicisch gezählt!

Über Land und Sprache

Galicien ist sehr vielseitig, auch und vor allem landschaftlich: im Westen und Norden der Atlantik mit den rías, Stränden und der Steilküste, relativ dicht besiedelt. Im Landesinneren Felder und Wiesen oder karge Berglandschaft mit geringer Bevölkerungsdichte. Auch das Klima ist dementsprechend unterschiedlich: im Landesinneren sind die Sommer ziemlich heiß und die Winter kalt, vor allem in den Bergen schneit es. Generell ist das Klima Galiciens allerdings gemäßigt, mit recht geringen Temperaturunterschieden und dem ganzjährig (vor allem aber in Herbst und Winter) auftretenden berühmt-berüchtigten Regen, dem Galicien seine sehr grüne Landschaft verdankt. Hier und da finden sich Spuren der Kelten -Hünengräber und Reste von keltischen Dörfern-, auf die sich auch die aktuelle galicische Kultur gerne bezieht.

Der Tourismus spielt in Galicien verglichen mit anderen Gegenden Spaniens eine nicht ganz so große Rolle und konzentriert sich vor allem auf die Sommermonate und dann auf die Strände der rías baixas und auf Santiago. Große Anziehungskraft übt natürlich auch der Jakobsweg aus, der von Frankreich kommend bis nach Santiago führt. Seit Jahrhunderten ist die Stadt des Heiligen Jakob neben Rom eine der wichtigsten Pilgerstätten Europas.

Das Galicische ist eine romanische Sprache und sowohl dem Portugiesischen als auch dem Spanischen nah verwandt:

Galicisch	*Portugiesisch*	*Spanisch*	*Deutsch*
vaca	**vaca**	**vaca**	Kuh
rúa	**rua**	**calle**	Straße
vaso	**copo**	**vaso**	Glas
labrega	**camponesa**	**campesina**	Bäuerin

Ursprünglich mit dem Portugiesischen eine Einheit bildend (galego-portugués), erlebte es im Mittelalter eine kulturelle Blütezeit. Mit der Ausbildung eines zentralistischen Staates unter kastilischer Herrschaft im 15. Jahrhundert wird jedoch Kastilisch (Spanisch) einzige offizielle Sprache. Im neu entstandenen Staat Portugal entwickelt sich das Portugiesische weiter, während das Galicische für Jahrhunderte aus dem kulturellen Leben verschwindet. Im 19. Jahrhundert erlebt es einen Wiederaufschwung, dem durch die Diktatur Francos ab 1939 jedoch wieder ein Ende gemacht wird. Franco verbietet das Galicische in der Öffentlichkeit, in der Schule wird ausschließlich Spanisch gelehrt.

Erst seit dem Tod Francos 1975 gewinnt das Galicische wieder mehr und mehr an Bedeutung, hat allerdings mit Problemen zu kämpfen: ein Großteil der Bevölkerung spricht zwar Galicisch, viele haben aber Schwierigkeiten, es zu lesen oder zu schreiben, weil sie darin nur auf Spanisch unterrichtet wurden. Da Galicisch bis heute v.a. in ländlichen Gegenden gesprochen wird, gleichzeitig Spanisch als Sprache der Städte und der Kultur galt, wurde es nie so richtig für voll genommen. So kann es auch heute noch passieren, daß jemand vom Land, der zu Hause und in seinem täglichen Umfeld Galicisch spricht, beim Arzt plötzlich auf Spanisch umschaltet, da er es ja mit einer Respektperson zu tun hat. Vielleicht wird man auch Ihnen zunächst auf Spanisch antworten, wenn Sie jemanden auf Galicisch ansprechen, da es unfaßbar scheint, daß ein Ausländer oder eine Ausländerin Galicisch und nicht Spanisch spricht. Lassen Sie sich aber nicht entmutigen!

Die Mehrzahl der Galicier(innen) ist heutzutage jedoch stolz auf die eigene Sprache. Allgemein wird sehr viel Galicisch gesprochen, immer mehr auch in den Städten, wo vor allem jüngere Leute bewußt die galicische Sprache benutzen. Rechtlich hat es den gleichen Status wie Spanisch: beide sind gleichrangige Amtssprachen in Galicien. Außer in Galicien wird auch in einigen Gebieten im Westen Asturiens und im Bierzo, im Westen Leóns, Galicisch gesprochen.

Aussprache/Betonung

Grundsätzlich gilt, daß alle geschriebenen Buchstaben auch gesprochen werden. Lassen Sie sich also nicht dazu verleiten, wie z.B. im Französischen Endungen wegzulassen o.ä.

Selbstlaute (Vokale)

Es gibt im Galicischen nur kurze, keine langen Vokale. **a** wird also z.B. immer wie in "Wasser" ausgesprochen, nie wie in "Maler".

a	**casa**	(Haus)	wie in "Wasser"
e	**mesa**	(Tisch)	wie in "Messer"
i	**viño**	(Wein)	wie in "Kissen"
o	**coche**	(Auto)	wie in "Koffer"
u*	**zume**	(Saft)	wie in "Mutter"

***u** wird in einigen Kombinationen gar nicht gesprochen, nämlich wenn es nach **g** und vor **e** oder **i** steht, z.B. **guerra** (Krieg), gesprochen "gerra", **guitarra** (Gitarre), gesprochen "gitarra"
ü kommt selten vor und steht vor **e** und **i**, wenn das **u** doch gesprochen werden soll, aber als u (und NICHT als ü), z.B. **bilingüe** (zweisprachig).

Wichtig ist noch, daß jeder Vokal einzeln ausgesprochen wird, also z.B. **ie** nicht wie im Deutschen als langes i, oder **ue** nicht wie im Deutschen als Umlaut ü, sondern jeweils beide Vokale für sich aussprechen, z.B. **cliente** (Kunde/Kundin), **tenue** (sanft). Aufpassen auch bei der Kombination **ei**, die nicht wie im Deutschen ei oder ai gesprochen wird, sondern etwa äi, z.B. **peite** (Kamm).

Mitlaute (Konsonanten)

b	etwas weicher und offener als das deutsche b: z.B. **barco** (Boot); galicisch **b** ist der gleiche Laut wie galicisch **v**
c	vor **a**, **o**, **u** wie k: **cama** (Bett), **costa** (Küste), **culler** (Löffel); vor **e**, **i** wie das englische th in "thing": **cea** (Abendessen), **cidade** (Stadt)
ch	wie tsch: **chuvia** (Regen)
h	wird gar nicht gesprochen, stumm: **hora** (Stunde, Uhrzeit), gesprochen "ora"
ll	wie lj: **muller** (Frau)
nh	wie ng in dt. "hängen": **unha** (eine)
ñ	wie nj: **mañá** (Morgen)
qu	wie k: **querer** (wollen)
r/rr	Zungen-**r**, nicht wie im Deutschen im Hals gebildet, sondern mit der Zungenspitze gerollt, entweder einfach (**caro** = teuer) oder stärker bei **rr** (**arroz** = Reis); einfaches **r** am Wortanfang und -ende und nach Konsonanten wird wie **rr** gesprochen: **roupa** (Kleidung), **cru** (roh)
s	immer stimmlos, wie ß: **si** (ja)
v	immer stimmhaft (wie in dt. "Vase"), aber etwas geschlossener als das deutsche v: **vaso** (Glas); galicisch **v** ist der gleiche Laut wie galicisch **b**
x	in der Regel wie sch: **peixe** (Fisch); in einigen Fällen aber auch wie dt. x: **taxi** (Taxi); letzteres kommt v.a. bei Fremdwörtern (lateinischer Herkunft) vor: **excursión** (Ausflug)
z	wie engl. th: **zapato** (Schuh)

Betonung

Endet ein Wort auf einen Konsonanten (außer **s** und **n**), wird es auf der letzten Silbe betont: **hotel** (Hotel), **arroz** (Reis); endet es auf einen Vokal oder auf **s** oder **n**, auf der vorletzten Silbe: **mesa** (Tisch), **lapis** (Bleistift), **axudan** (sie helfen). Bei allen Ausnahmen von dieser Regel wird die betonte Silbe durch Akzent gekennzeichnet: **canción** (Lied); außerdem kann ein Akzent stehen, um zwei ansonsten gleich geschriebene Wörter mit unterschiedlicher Bedeutung voneinander zu unterscheiden: **e** (und) und **é** (er/sie ist).

Ein kurzer Hinweis zur Rechtschreibung: außer am Satzanfang und bei Eigennamen wird alles kleingeschrieben. Es gibt im Galicischen zwei Satzzeichen mehr als im Deutschen, nämlich das umgekehrte Fragezeichen und das umgekehrte Ausrufezeichen, die jeweils am Anfang des entsprechenden Satzes stehen.

Wörter, die weiterhelfen

¿Onde hai .../onde está ...?

Wenn man eine unbestimmte Sache sucht, fragt man:

¿Onde hai unha pensión?	Wo gibt es hier eine Pension?
¿Onde hai un supermercado?	Wo gibt es hier einen Supermarkt?

un hospital	ein Krankenhaus
un médico	einen Arzt
unha farmacia	eine Apotheke
un restaurante	ein Restaurant
un teléfono	ein Telefon

Sucht man etwas Konkretes, fragt man:

¿Onde está a pensión Pepa?	Wo ist die Pension Pepa?
¿Onde está o servicio?	Wo ist die Toilette?

a estación de tren	der Bahnhof
o aeroporto	der Flughafen
Correos	die Post
a comisaría	die Polizei
a embaixada	die Botschaft

¿Hai ...?

Um zu wissen, ob es in einem Laden oder Restaurant eine bestimmte Sache gibt, fragt man:

¿Hai pan?	Gibt es Brot?
¿Hai viño / auga?	Gibt es Wein / Wasser?
¿Hai sobres?	Gibt es Briefumschläge?

Quero ...

Mit **quero** bittet man um eine Sache, von der man bereits weiß, daß es sie gibt:

Quero un xelado.	Ich möchte ein Eis.

Man kann damit auch ausdrücken, was man tun will:

Quero pagar.	Ich möchte bezahlen.

¿Canto custa ...?

¿Canto custa isto?	Was kostet das hier?
¿Canto custa a entrada?	Was kostet der Eintritt?

Hauptwörter und Artikel

Die Hauptwörter können männlich oder weiblich sein und in Einzahl oder Mehrzahl auftreten. Es gibt bestimmte und unbestimmte Artikel, die entsprechend auch männlich oder weiblich sind und in der Einzahl oder Mehrzahl stehen:

	weiblich		männlich	
best. Artikel	**a muller**	die Frau	**o home**	der Mann
	as mulleres	die Frauen	**os homes**	die Männer
unbest. Artikel	**unha muller**	eine Frau	**un home**	ein Mann
	unhas mulleres	einige Frauen	**uns homes**	einige Männer

Es gibt keine feste Regel, nach der man erkennen kann, ob ein Hauptwort männlich oder weiblich ist. Daher empfiehlt es sich, sich immer gleich den Artikel mitzumerken, der darüber Aufschluß gibt. Als kleiner Anhaltspunkt gilt aber: Hauptwörter, die auf **-a** enden, sind in der Regel weiblich, endet ein Substantiv auf **-o**, ist es normalerweise männlich:

a auga (w) das Wasser
o asento (m) der Sitzplatz

Die Mehrzahl der Artikel und Hauptwörter wird in der Regel durch Anhängen von **-s** gebildet:

a estrada	die Landstraße	**as estradas**	die Landstraßen
o can	der Hund	**os cans**	die Hunde

Endet das Hauptwort auf **-l**, **-r**, **-s**, **-z** wird **-es** angehängt:

o val	das Tal	**os vales**	die Täler
o mar	das Meer	**os mares**	die Meere
o mes	der Monat	**os meses**	die Monate
a luz*	das Licht	**as luces***	die Lichter

*(bei Wörtern, die auf **-z** enden, wird dieses in der Mehrzahl zu **c**)

Bei Hauptwörtern, die mehr als eine Silbe haben und auf **-l** enden, wird das Endungs-**l** zu **-is**:

o papel	das Papier	**os papeis**	die Papiere

Dieses und Jenes

Um sich auf eine bestimmte Sache zu beziehen oder nach etwas zu fragen, dessen Namen man nicht kennt, kann man die hinweisenden Fürwörter **isto** (dieses, das hier) und **aquilo** (jenes, das dort) benutzen, die aber immer allein, also nie vor einem Hauptwort stehen:

¿Como se chama isto?
wie sich nennt dieses
Wie heißt das hier?

¿Que é aquilo?
was ist jenes
Was ist das dahinten?

Es gibt aber auch hinweisende Fürwörter, die sich auf ein Hauptwort beziehen und dann wie dieses entweder männlich oder weiblich sind und in Einzahl oder Mehrzahl stehen:

weiblich		männlich	
esta muller	diese Frau	**este home**	dieser Mann
estas mulleres	diese Frauen	**estes homes**	diese Männer
aquela muller	jene Frau	**aquel home**	jener Mann
aquelas mulleres	jene Frauen	**aqueles homes**	jene Männer

Eigenschafts- und Umstandswörter

Eigenschaftswörter können in Sätzen mit den Verben **ser** (sein) und **estar** (sein) erscheinen oder zusammen mit Hauptwörtern (in diesem Fall immer nachgestellt).

A película é boa.
die Film ist gute
Der Film ist gut.

unha película boa
eine Film gute
ein guter Film

O can é vello.
der Hund ist alt
Der Hund ist alt.

un can vello
ein Hund alt
ein alter Hund

Die Eigenschaftswörter sind von den Hauptwörtern abhängig und richten sich in Geschlecht und Zahl nach diesen. Die Mehrzahlbildung erfolgt wie bei den Hauptwörtern (s.o.), um die weibliche Form zu bilden, ersetzt man entweder das Endungs-**o** duch **-a** oder hängt bei konsonantisch endenden Adjektiven **-a** an:

männlich	weiblich
o paquete pequeno *der Paket klein* das kleine Paket	**a rúa pequena** *die Straße kleine* die kleine Straße
un amigo alemán *ein Freund deutsch* ein deutscher Freund	**unha amiga alemana** *eine Freundin deutsche* eine deutsche Freundin

Die Eigenschaftswörter, die auf **-l**, **-r**, **-z** oder **-e** enden, sind unveränderlich, also in der männlichen und weiblichen Form gleich:

o ceo azul	**a camisa azul**
der Himmel blau	*die Hemd blau*
der blaue Himmel	das blaue Hemd

wichtige Eigenschaftswörter und Farben

barato/a	billig	**caro/a**	teuer
ledo/a	fröhlich	**triste**	traurig
claro/a	hell	**escuro/a**	dunkel
frío/a	kalt	**quente**	warm, heiß
pequeno/a	klein	**grande**	groß
curto/a	kurz	**longo/a**	lang
novo/a	neu, jung	**vello/a**	alt
malo/a	schlecht	**bo/boa**	gut
lindo/a	schön	**feo/a**	häßlich
moito/a	viel	**pouco/a**	wenig
azul	blau	**vermello/a**	rot
amarelo/a	gelb	**negro/a**	schwarz
verde	grün	**branco/a**	weiß
marrón	braun	**gris**	grau

Durch Umstandswörter (Adverbien) werden im Gegensatz zu den Eigenschaftswörtern (Adjektive) nicht Hauptwörter näher bezeichnet sondern Tätigkeitswörter:

Helena ist eine <u>gute</u> Schwimmerin. = Adjektiv
Helena schwimmt <u>gut</u>. = Adverb

Wichtige Umstandswörter sind: **ben** (gut), **mal** (schlecht) und -vorgestellt- **normalmente** (normalerweise). Sie sind unveränderlich.

Helena nada ben.
Helena schwimmt gut
Helena schwimmt gut.

Daniel baila mal.
Daniel tanzt schlecht
Daniel tanzt schlecht.

Normalmente bebemos café.
normalerweise (wir-)trinken Kaffee
Normalerweise trinken wir Kaffee.

Steigern und Vergleichen

Die Adjektive werden im Galicischen folgendermaßen gesteigert:

grande	**máis grande**	**o/a máis grande**
groß	*mehr groß*	*der/die mehr groß*
groß	größer	der/die größte

Aquela praza é grande, aquela outra é máis grande, pero esta é a praza máis grande de todas.
jene Platz ist groß, jene andere ist mehr groß, aber diese ist die Platz mehr groß von alle
Der Platz dahinten ist groß, der andere da ist größer, aber dieser ist der größte Platz von allen.

Will man eine Sache mit einer anderen vergleichen, benutzt man **máis ... ca** (mehr als), **menos ... ca** (weniger als) oder **tan ... coma** (so wie):

Ela é máis alta ca el.
sie ist mehr große als er
Sie ist größer als er.

Esta casa é menos linda ca aquela.
diese Haus ist weniger schöne als jene
Dieses Haus ist weniger schön als jenes.

Esta praia é tan pequena coma a outra.
diese Strand ist so kleine wie die andere
Dieser Strand ist genauso klein wie der andere.

Unregelmäßig sind die beiden folgenden Steigerungsformen:

bo/boa	**mellor**	**o/a mellor**
gut	besser	der/die beste
malo/a	**peor**	**o/a peor**
schlecht	schlechter	der/die schlechteste

Die dritte Steigerungsstufe (Superlativ) der Eigenschaftswörter kann auch gebildet werden, indem man **-ísimo/a** anhängt:

Este restaurante é carísimo.
dieser Restaurant ist teuerst
Dieses Restaurant ist sehr teuer.

Besitzanzeigende Fürwörter

Die besitzanzeigenden Fürwörter stehen immer mit Artikel und sind je nach dem 'Besitz', auf den sie sich beziehen, männlich oder weiblich und stehen in Einzahl oder Mehrzahl:

	Einzahl		Mehrzahl	
	männlich	weiblich	männlich	weiblich
mein(e)	**o meu**	**a miña**	**os meus**	**as miñas**
dein(e)	**o teu**	**a túa**	**os teus**	**as túas**
sein(e)/ihr(e)	**o seu**	**a súa**	**os seus**	**as súas**
unser(e)	**o noso**	**a nosa**	**os nosos**	**as nosas**
euer(e)	**o voso**	**a vosa**	**os vosos**	**as vosas**
ihr(e)	**o seu**	**a súa**	**os seus**	**as súas**

o noso coche
der unser Auto
unser Auto

os vosos cans
die eure Hunde
eure Hunde

a miña amiga
die meine Freundin
meine Freundin

as túas toallas
die deine Handtücher
deine Handtücher

Persönliche Fürwörter

eu	ich	**nós**	wir
ti	du	**vós**	ihr
el/ela	er/sie	**eles/elas**	sie (Mz.)
vosté	Sie (Ez.)	**vostés**	Sie (Mz.)

Normalerweise werden die persönlichen Fürwörter einfach weggelassen, da man die Person an der Endung des Verbs erkennt (s.u.). Nur wenn Verwechslungen möglich sind oder wenn die Person besonders betont werden soll, steht das persönliche Fürwort:

Son eu.
bin ich
Ich bin's.

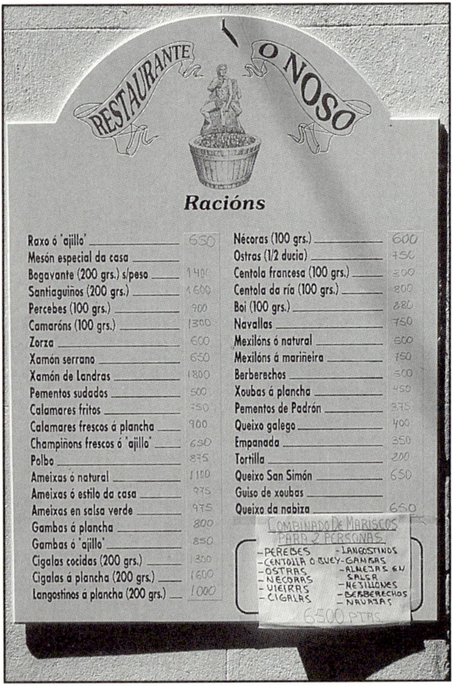

Tätigkeitswörter

Man kann die Verben in drei Gruppen einteilen. Die Grundform (Infinitiv) endet auf:

-**ar**: **falar** (reden), **viaxar** (reisen),
-**er**: **entender** (verstehen), **comer** (essen),
-**ir**: **abrir** (öffnen), **decidir** (entscheiden).

Die regelmäßigen Verben werden in der Gegenwart so gebeugt:

fal-ar	reden		
fal-o	ich rede	**fal-amos**	wir reden
fal-as	du redest	**fal-ades**	ihr redet
fal-a	er/sie redet	**fal-an**	sie reden

entend-er	verstehen		
entend-o	ich verstehe	**entend-emos**	wir verstehen
entend-es	du verstehst	**entend-edes**	ihr versteht
entend-e	er/sie versteht	**entend-en**	sie verstehen

abr-ir	öffnen		
abr-o	ich öffne	**abr-imos**	wir öffnen
abr-es	du öffnest	**abr-ides**	ihr öffnet
abr-e	er/sie öffnet	**abr-en**	sie öffnen

Das Verb steht im einfachen Aussagesatz nach der Satzaussage und vor der Satzergänzung (also wie im Deutschen):

Marta fala galego.
Marta spricht Galicisch.

Xavier come un bocadillo.
Xavier ißt ein Brötchen.

Ist die Satzaussage ein persönliches Fürwort (z.B. ich, du, wir ...), kann dieses einfach weggelassen werden; die Person erkennt man an der Endung des Verbs:

Entendo todo.
Ich verstehe alles.

Abren a botella.
Sie öffnen die Flasche.

Ein Verb wird verneint, indem man **non** voranstellt:

Marta non fala galego.
Marta nicht spricht Galicisch
Marta spricht nicht Galicisch.

Xavier non come un bocadillo.
Xavier nicht ißt ein Brötchen
Xavier ißt kein Brötchen.

Non entendo todo.
nicht (ich-)verstehe alles
Ich verstehe nicht alles.

Non abren a botella.
nicht (sie-)öffnen die Flasche
Sie öffnen die Flasche nicht.

Die Höflichkeitsform wird gebildet mit **vosté/vostés** und der dritten Person des Verbs (entweder Einzahl oder Mehrzahl):

Vosté fala ben alemán.
Sie spricht gut Deutsch
Sie sprechen gut Deutsch.
(= eine Person)

Vostés falan ben alemán.
Sie sprechen gut Deutsch
Sie sprechen gut Deutsch.
(= mehrere Personen)

Leider gibt es auch eine Reihe unregelmäßiger Verben. Hier die wichtigsten:

dicer	sagen		
digo	ich sage	**dicemos**	wir sagen
dis	du sagst	**dicedes**	ihr sagt
di	er/sie sagt	**din**	sie sagen
facer	machen, tun		
fago	ich mache	**facemos**	wir machen
fas	du machst	**facedes**	ihr macht
fai	er/sie macht	**fan**	sie machen
ir	gehen		
vou	ich gehe	**imos**	wir gehen
vas	du gehst	**ides**	ihr geht
vai	er/sie geht	**van**	sie gehen
saber	wissen		
sei	ich weiß	**sabemos**	wir wissen
sabes	du weißt	**sabedes**	ihr wißt
sabe	er/sie weiß	**saben**	sie wissen
ter	haben		
teño	ich habe	**temos**	wir haben
tes	du hast	**tedes**	ihr habt
ten	er/sie hat	**teñen**	sie haben
ver	sehen		
vexo	ich sehe	**vemos**	wir sehen
ves	du siehst	**vedes**	ihr seht
ve	er/sie sieht	**ven**	sie sehen
vir	kommen		
veño	ich komme	**vimos**	wir kommen
vés	du kommst	**vides**	ihr kommt
vé	er/sie kommt	**veñen**	sie kommen

estar / ser

Im Galicischen gibt es zwei Verben für das deutsche Verb "sein":

estar	ser	sein
estou	**son**	ich bin
estás	**es**	du bist
está	**é**	er/sie ist
estamos	**somos**	wir sind
estades	**sodes**	ihr seid
están	**son**	sie sind

Beide Verben werden unterschiedlich benutzt:
ser bezeichnet in der Regel feste, unveränderliche Eigenschaften und steht außerdem mit Mengenangaben und Berufen:

Somos alemáns.
(wir-)sind Deutsche
Wir sind Deutsche.

É alta.
(sie-)ist groß
Sie ist groß.

Son cinco.
(sie-)sind fünf
Sie sind fünf.

Petra é carteira.
Petra ist Briefträgerin
Petra ist Briefträgerin.

estar bezeichnet dagegen vorübergehende, veränderliche Zustände, außerdem benutzt man es für Ortsbeschreibungen:

Estou triste.
(ich-)bin traurig
Ich bin traurig.

A praza está preto.
die Platz ist nah
Der Platz ist in der Nähe.

Die Unterscheidung ist wichtig, da manchmal Bedeutungsunterschiede davon abhängen:

Ela é lista.	Sie ist klug.
Ela está lista.	Sie ist fertig.

estar a + Infinitiv

Bedeutet in etwa: gerade dabei sein, etwas zu tun, und betont den Verlauf einer Handlung. Da diese Konstruktion im Galicischen sehr häufig benutzt wird, führen wir sie hier an, damit Sie die Galicierinnen und Galicier verstehen. Zum Sprechen ist es anfangs sicher einfacher, wie im Deutschen nur die normale Verbform zu benutzen.

Están a percorrer a costa.	**Estamos a buscar unha farmacia.**
(sie-)sind zu bereisen die Küste	*(wir-)sind zu suchen eine Apotheke*
Sie bereisen gerade die Küste.	Wir suchen gerade eine Apotheke.

Modalverben

Sehr nützlich sind die Modalverben: Mit ihrer Hilfe können Sie ausdrücken, was jemand tun kann (**poder**), will (**querer**) oder muß (**ter que**). Das "normale" Verb (= Vollverb) muß dabei nicht verändert werden und steht in der Grundform (Infinitiv) direkt hinter dem Modalverb.

poder	können		
podo	ich kann	**podemos**	wir können
podes	du kannst	**podedes**	ihr könnt
pode	er/sie kann	**poden**	sie können

Podemos ir ó cine.
(wir-)können gehen zu-der Kino
Wir können ins Kino gehen.

Non poden facer nada.
nicht (sie-)können machen nichts
Sie können nichts tun.

querer	wollen		
quero	ich will	**queremos**	wir wollen
queres	du willst	**queredes**	ihr wollt
quere	er/sie will	**queren**	sie wollen

Quero comer algo.
(ich-)will essen etwas
Ich will etwas essen.

Quere mercar un libro.
(er/sie-)will kaufen ein Buch
Er/Sie will ein Buch kaufen.

ter que	müssen		
teño que	ich muß	**temos que**	wir müssen
tes que	du mußt	**tedes que**	ihr müßt
ten que	er/sie muß	**teñen que**	sie müssen

Temos que chegar hoxe.
(wir-)haben daß ankommen heute
Wir müssen heute ankommen.

Teñen que traballar moito.
(sie-)haben daß arbeiten viel
Sie müssen viel arbeiten.

Beachten Sie: die beiden Verben stehen immer direkt hintereinander!

Vergangenheit

Die wichtigsten Formen der Vergangenheit sind das historische Perfekt und das Imperfekt.

Das historische Perfekt bezeichnet eine abgeschlossene Handlung. Beim Erzählen drückt man damit Aktionen aus, die nacheinander abgelaufen sind.

Onte fomos a un bar, bebimos unha cervexa e despois vimos unha película no cinema.
gestern (wir-)gingen zu ein Kneipe, (wir-)tranken eine Bier und danach (wir-)sahen eine Film im Kino
Gestern gingen wir in eine Kneipe, tranken ein Bier und sahen danach im Kino einen Film.

Regelmäßige Bildung des historischen Perfekts:

falar	reden		
fal-ei	ich redete	**fal-amos**	wir redeten
fal-aches	du redetest	**fal-astes**	ihr redetet
fal-ou	er/sie redete	**fal-aron**	sie redeten

entender	verstehen		
entend-ín	ich verstand	**entend-imos**	wir verstanden
entend-iches	du verstandest	**entend-istes**	ihr verstandet
entend-eu	er/sie verstand	**entend-eron**	sie verstanden

abrir	öffnen		
abr-ín	ich öffnete	**abr-imos**	wir öffneten
abr-iches	du öffnetest	**abr-istes**	ihr öffnetet
abr-iu	er/sie öffnetet	**abr-iron**	sie öffneten

Andere wichtige und (zum Großteil) unregelmäßige Verben:

estar	sein		
estiven	ich war	**estivemos**	wir waren
estiveches	du warst	**estivestes**	ihr wart
estivo	er/sie war	**estiveron**	sie waren
ser	sein		
fun	ich war	**fomos**	wir waren
fuches	du warst	**fostes**	ihr wart
foi	er/sie war	**foron**	sie waren
dicer	sagen		
dixen	ich sagte	**dixemos**	wir sagten
dixeches	du sagtest	**dixestes**	ihr sagtet
dixo	er/sie sagte	**dixeron**	sie sagten
facer	machen		
fixen	ich machte	**fixemos**	wir machten
fixeches	du machtest	**fixestes**	ihr machtet
fixo	er/sie machte	**fixeron**	sie machten
ir	gehen		
fun	ich ging	**fomos**	wir gingen
fuches	du gingst	**fostes**	ihr gingt
foi	er/sie ging	**foron**	sie gingen
poder	können		
puiden	ich konnte	**puidemos**	wir konnten
puideches	du konntest	**puidestes**	ihr konntet
puido	er/sie konntet	**puideron**	sie konnten
querer	wollen		
quixen	ich wollte	**quixemos**	wir wollten
quixeches	du wolltest	**quixestes**	ihr wolltet
quixo	er/sie wollte	**quixeron**	sie wollten

saber	wissen		
souben	ich wußte	**soubemos**	wir wußten
soubeches	du wußtest	**soubestes**	ihr wußtet
soubo	er/sie wußte	**souberon**	sie wußten

ter	haben		
tiven	ich hatte	**tivemos**	wir hatten
tiveches	du hattest	**tivestes**	ihr hattet
tivo	er/sie hatte	**tiveron**	sie hatten

ver	sehen		
vin	ich sah	**vimos**	wir sahen
viches	du sahst	**vistes**	ihr saht
viu	er/sie sah	**viron**	sie sahen

vir	kommen		
vin	ich kam	**viñemos**	wir kamen
viñeches	du kamst	**viñestes**	ihr kamt
veu	er/sie kam	**viñeron**	sie kamen

Mit dem Imperfekt drückt man immer wiederkehrende Handlungen aus oder benutzt es für Zustandsbeschreibungen (vor deren Hintergrund dann eine Aktion im historischen Perfekt stattfinden kann).

Antes traballaba en Mondoñedo.
früher (ich-)arbeitete in Mondoñedo
Früher habe ich in Mondoñedo gearbeitet.

O outono pasado ía cada día á piscina.
der Herbst vergangen (ich-)ging jeder Tag zu-die Schwimmbad
Letzten Herbst bin ich jeden Tag ins Schwimmbad gegangen.

Tiña moita sede e merquei unha botella de auga.
(ich-)hatte viel Durst und (ich-)kaufte eine Flasche von Wasser
Ich hatte großen Durst (Zustand) und kaufte mir eine Flasche Wasser (Aktion).

Regelmäßige Bildung des Imperfekts:

falar	reden		
fal-aba	ich redete	**fal-abamos**	wir redeten
fal-abas	du redetest	**fal-abades**	ihr redetet
fal-aba	er/sie redete	**fal-aban**	sie redeten

entender	verstehen		
entend-ía	ich verstand	**entend-iamos**	wir verstanden
entend-ías	du verstandest	**entend-iades**	ihr verstandet
entend-ía	er/sie verstand	**entend-ían**	sie verstanden

abrir	öffnen		
abr-ía	ich öffnete	**abr-iamos**	wir öffneten
abr-ías	du öffnetest	**abr-iades**	ihr öffnetet
abr-ía	er/sie öffnete	**abr-ían**	sie öffneten

Weitere wichtige Verben:

estar	sein		
estaba	ich war	**estabamos**	wir waren
estabas	du warst	**estabades**	ihr wart
estaba	er/sie war	**estaban**	sie waren
ser	sein		
era	ich war	**eramos**	wir waren
eras	du warst	**erades**	ihr wart
era	er/sie war	**eran**	sie waren

ir	gehen		
ía	ich ging	**iamos**	wir gingen
ías	du gingst	**iades**	ihr gingt
ía	er/sie ging	**ían**	sie gingen
ter	haben		
tiña	ich hatte	**tiñamos**	wir hatten
tiñas	du hattest	**tiñades**	ihr hattet
tiña	er/sie hatte	**tiñan**	sie hatten

Zukunft (Futur)

Normalerweise ist das Futur eine Zeit mit eigenständigen Endungen. Da diese Zukunftsform in der Umgangssprache aber praktisch nicht benutzt wird, führen wir sie hier auch nicht an. Viel gängiger - und viel einfacher - ist es nämlich, das Futur mit dem Verb **ir** (gehen) in der Gegenwart und der Grundform (Infinitiv) des Vollverbs auszudrücken (**ir** wird dann mit "werden" übersetzt), also:

vou, vas, vai, imos, ides, van + Infinitiv

Imos falar con ela mañá.
(wir-)gehen sprechen mit sie morgen
Wir werden morgen mit ihr sprechen.

Vou dormir cedo.
(ich-)gehe schlafen früh
Ich werde früh schlafengehen.

Van ir pescar a Cabo Home.
(sie-)gehen gehen fischen zu Cabo Home
Sie werden zum Cabo Home fischen gehen.

Rückbezügliche Verben

Die rückbezüglichen Verben erkennt man daran, daß **-se** an die Grundform angehängt wird. An die gebeugten Formen des Verbs hängt man die persönlichen Fürwörter **me, te, se, nos, vos, se** an:

lavarse	sich-waschen		
lávome	ich-wasche-mich	**lavámonos**	wir-waschen-uns
lávaste	du-wäschst-dich	**lavádesvos**	ihr-wascht-euch
lávase	er/sie-wäscht-sich	**lávanse**	sie-waschen-sich

Lávome con auga quente.
(ich-)wasche-mich mit Wasser warm
Ich wasche mich mit warmem Wasser.

Chámase Chus Pereira.
(sie-)nennt-sich Chus Pereira
Sie heißt Chus Pereira.

Nicht immer werden die im Galicischen rückbezüglichen Verben auch im Deutschen reflexiv gebraucht.

Unpersönliche Verbform

Um etwas Unpersönliches auszudrücken (was im Deutschen in der Regel mit "man" übersetzt wird), benutzt man die dritte Person Einzahl eines Verbs und hängt **-se** an.

Aquí cómese ben.
hier (es-)ißt-sich gut
Hier ißt man gut.

Véndese mel.
(es-)verkauft-sich Honig
Honig zu verkaufen.

Auffordern

Die Verbform, die man benutzt, um jemanden zu etwas aufzufordern, ist bei den regelmäßigen Verben recht einfach. Duzt man die entsprechende Person, benutzt man die Form der 3. Person Singular:

falar	sprechen	→	**fala**	sprich
beber	trinken	→	**bebe**	trink
abrir	öffnen	→	**abre**	öffne

Abre a xanela.
öffne die Fenster
Mach bitte das Fenster auf.

In der Höflichkeitsform ändert sich die Endung; **a** wird zu **e**, **e** und **i** zu **a**:

falar	sprechen	→	**fale**	sprechen Sie
beber	trinken	→	**beba**	trinken Sie
abrir	öffnen	→	**abra**	öffnen Sie

Fale máis a modo, por favor.
sprechen(-Sie) mehr zu Art, bitte
Bitte sprechen Sie langsamer.

Auch hier gibt es allerdings unregelmäßige Formen:

dicer	sagen	**di/diga**	sag/sagen Sie
facer	machen	**fai/faga**	mach/machen Sie
ir	gehen	**vai/vaia**	geh/gehen Sie
ver	sehen	**ve/vexa**	sieh/sehen Sie
vir	kommen	**ven/veña**	komm/kommen Sie
estar	sein	**está/estea**	sei/seien Sie
ser	sein	**se/sexa**	sei/seien Sie

Persönliche Fürwörter II

Die Bildung der persönlichen Fürwörter des 3. und 4. Falls (wem? bzw. wen oder was?) ist im Galicischen sehr kompliziert, da die Personalpronomen je nach Endung des Verbs variieren, zusammengezogen werden können etc. Daher hier nur die Grundformen und zwei Beispiele:

	3. Fall (wem?)		4. Fall (wen oder was?)	
ich	**me**	mir	**me**	mich
du	**che**	dir	**te**	dich
er/sie	**lle**	ihm/ihr	**o/a**	ihn/sie
wir	**nos**	uns	**nos**	uns
ihr	**vos**	euch	**vos**	euch
sie	**lles**	ihnen	**os/as**	sie

In normalen Aussagesätzen werden die Pronomen an die gebeugte Form des Verbs direkt angehängt, in verneinten Sätzen und in Fragesätzen, die mit einem Fragewort (z.B. wer? wo? - siehe Kapitel "Fragesätze") eingeleitet werden, steht das persönliche Fürwort vor dem Verb.

Envíovos as chaves.
(ich-)schicke-euch die Schlüssel
Ich schicke euch die Schlüssel.

Non o coñezo.
nicht ihn (ich-)kenne
Ich kenne ihn nicht.

¿Que che dixo?
was dir (er-)sagte
Was hat er dir gesagt?

Saúdannos.
(Sie-)grüßen-uns
Sie grüßen uns.

Verhältniswörter

a	zu, nach	**diante de**	vor (örtl.)
de	von, aus	**tras de**	hinter
para	für	**en**	in, auf
por	durch, für	**debaixo de**	unter
con	mit	**en riba de**	über
sen	ohne	**dentro de**	in, innerhalb von
antes de	vor (zeitl.)	**fora de**	außerhalb von
despois de	nach (zeitl.)	**preto de**	in der Nähe von
desde	seit	**lonxe de**	weit weg von
ata	bis (zeitl.)	**a carón de**	neben

Die Verhältniswörter werden zum Teil anders als im Deutschen verwendet. Beachten Sie z.B. den unterschiedlichen Gebrauch von **a** und vor allem von **de,** das in Fällen stehen kann, wo man im Deutschen gar kein Verhältniswort verwendet.

Vou a Santiago.
(ich-)gehe zu Santiago
Ich gehe/fahre nach Santiago.

Imos a un bar.
(wir-)gehen zu ein Kneipe
Wir gehen in eine Kneipe.

Somos de Berlin.
(wir-)sind von Berlin
Wir sind aus Berlin.

Este é o coche de Antón.
dieser ist der Auto von Antón
Das ist Antóns Auto.

Alle Verhältniswörter stehen mit den persönlichen Fürwörtern des ersten Falls (nur statt **eu** steht **min**):

Os ovos son para min.
die Eier sind für mich
Die Eier sind für mich.

Xan vive preto de nós.
Xan lebt nah von wir
Xan wohnt bei uns in der Nähe.

Eine Ausnahme ist die Kombination von **con** mit einem persönlichen Fürwort:

comigo	mit mir	**connosco**	mit uns
contigo	mit dir	**convosco**	mit euch
con el/ela	mit ihm/ihr	**con eles/elas**	mit ihnen

El viaxa connosco.
er reist mit-uns
Er reist mit uns.

Einige Verhältniswörter werden mit nachfolgenden Artikeln, hinweisenden Fürwörtern und bestimmten persönlichen Fürwörtern zusammengezogen.

Verhältniswörter + bestimmter Artikel

	o der	**a** die	**os** die (m)	**as** die (w)
a	**ó**	**á**	**ós**	**ás**
de	**do**	**da**	**dos**	**das**
por	**polo**	**pola**	**polos**	**polas**
con	**co**	**ca**	**cos**	**cas**
en	**no**	**na**	**nos**	**nas**

Vou ó médico.
(ich-)gehe zu-der Arzt
Ich gehe zum Arzt.

Estamos nas Rías Altas.
(wir-)sind in-die Rías Altas
Wir sind in den Rías Altas.

Verhältniswörter + unbestimmter Artikel

	un ein	**unha** eine	**uns** einige (m)	**unhas** einige (w)
de	**dun**	**dunha**	**duns**	**dunhas**
en	**nun**	**nunha**	**nuns**	**nunhas**

Traballo nun taller.
(ich-)arbeite in-ein Werkstatt
Ich arbeite in einer Werkstatt.

Caeu dunha árbore.
(er/sie-)fiel von-eine Baum
Er/Sie ist von einem Baum gefallen.

Verhältniswörter + hinweisendes Fürwort

	isto dies	**aquilo** jenes	**esto/a** dieser, diese	**aquel/-a** jener/jene
de	**disto**	**daquilo**	**desto/a**	**daquel/-a**
en	**nisto**	**naquilo**	**nesto/a**	**naquel/-a**

Die Mehrzahlform wird dementsprechend mit **-s** am Ende gebildet.

Quero medio quilo disto.
(ich-)will halb Kilo von-dies
Ich möchte ein halbes Kilo davon.

Toman o sol naquelas pedras.
(sie-)nehmen der Sonne in-jene Steine
Sie sonnen sich auf den Steinen dahinten.

Verhältniswörter + persönliches Fürwort

	el er	**ela** sie	**eles** sie (m)	**elas** sie (w)
de	**del**	**dela**	**deles**	**delas**

Esta mochila é delas.
diese Rucksack ist von-sie
Dieser Rucksack gehört ihnen.

Bindewörter

pero	aber	**ou**	oder
cando	als, wenn	**senon**	sondern
que	daß, der/die/das, als	**e**	und
se	ob, wenn	**porque**	weil
aínda que	obwohl		

Sei que ven hoxe.
(ich-)weiß daß (er-)kommt heute
Ich weiß, daß er heute kommt.

Aínda que chove, saímos.
obwohl daß (es-)regnet (wir-) rausgehen
Obwohl es regnet, gehen wir raus.

O tren saiu cando cheguei.
der Zug rausging als (ich-)ankam
Der Zug fuhr ab, als ich ankam.

Este é o barco que vai a Cangas.
dieser ist der Boot der geht zu Cangas
Das ist das Boot, das nach Cangas fährt.

Verneinung

Außer der normalen Verneinung mit **non** gibt es noch einige besondere Ausdrücke, die wichtig sind:

non	nein, nicht	**nunca**	nie
tampouco	auch nicht	**ninguén**	niemand
nen ... nen	weder ... noch	**ningún/-ha**	keiner/keine, kein
nada	nichts	**ningures**	nirgends

Wird ein Satz verneint, muß die Verneinung immer vor dem Verb stehen:

Nunca bebo alcool.
nie (ich-)trinke Alkohol
Ich trinke nie Alkohol.

Nen chaman, nen escreben.
weder (sie-)anrufen, noch (sie-)schreiben
Sie rufen weder an, noch schreiben sie.

Steht einer dieser Ausdrücke hinter dem Verb, muß zusätzlich **non** vorangestellt werden. Es wird dann also doppelt verneint (was sich im Gegensatz zum Deutschen nicht gegenseitig aufhebt):

Non bebo nunca alcool.
nicht (ich-)trinke nie Alkohol
Ich trinke nie Alkohol.

Non vexo nada.
nicht (ich-)sehe nichts
Ich sehe nichts.

Non topamos con ninguén.
nicht (wir-)trafen mit niemand
Wir trafen niemanden.

Fragesätze

Fragesätze werden gebildet, indem man - wie im Deutschen - das Verb an den Anfang stellt. In geschriebenen Texten erkennt man sie an den beiden Fragezeichen am Anfang und am Schluß.

Aquela mesa está libre.
jene Tisch ist frei
Der Tisch dahinten ist frei.

¿Está aquela mesa libre?
ist jene Tisch frei
Ist der Tisch dahinten frei?

Eine andere Möglichkeit ist, die Struktur des Aussagesatzes beizubehalten und nur die Betonung zu verändern. Dabei besteht allerdings die Schwierigkeit, daß man manchmal nicht genau erkennen kann, ob es sich um eine Aussage oder um eine Frage handelt.

¿Aquela mesa está libre?
jene Tisch ist frei
Ist der Tisch dahinten frei?

Um sich einer Sache zu versichern, hängt man **¿non si?** (nicht wahr?) an den Aussagesatz an:

Aquela mesa está libre, ¿non si?
jene Tisch ist frei, nein ja
Der Tisch dahinten ist frei, nicht wahr?

Außerdem gibt es natürlich auch Fragen, die mit Fragewörtern eingeleitet werden (- auf die dann das Verb folgt):

que	was	**onde**	wo
cal	welcher/welche	**a onde**	wohin
quen	wer	**de onde**	woher
canto	wieviel	**como**	wie
cando	wann	**por que**	warum

¿Que queres tomar?
was (du-)willst trinken
Was willst du trinken?

¿Canto custa este mapa?
wieviel kostet dieser Landkarte
Wieviel kostet diese Landkarte?

Zahlen und Zählen

Grundzahlen

0	**cero**	19	**dezanove**
1	**un/unha**	20	**vinte**
2	**dous/dúas**	21	**vinteún/vinteúnha**
3	**tres**	22	**vintedous/vintedúas**
4	**catro**	30	**trinta**
5	**cinco**	31	**trinta e un/unha**
6	**seis**	40	**corenta**
7	**sete**	50	**cincuenta**
8	**oito**	60	**sesenta**
9	**nove**	70	**setenta**
10	**dez**	80	**oitenta**
11	**once**	90	**noventa**
12	**doce**	100	**cen**
13	**trece**	101	**cento un/unha**
14	**catorce**	200	**douscentos/dúascentas**
15	**quince**	1000	**mil**
16	**dezaseis**	2000	**dous mil/dúas mil**
17	**dezasete**	25.000	**vintecinco mil**
18	**dezaoito**		

Alle zusammengesetzten Zahlen mit 20 bildet man (umgekehrt wie im Deutschen) aus **vinte** und der daran angehängten zweiten Zahl: **vintecatro**. Ab 30 (bis 100) werden die beiden Zahlen durch **e** verbunden: **trinta e catro**. Ab 100 schreibt man **cento** und die zweite Zahl in zwei Wörtern: **centro catro**.

Beachten Sie, daß die Zahlen eins und zwei und alle Kombinationen mit eins, zwei und hundert (ab 200) im Geschlecht an das entsprechende Hauptwort angeglichen werden.

dous viños zwei Gläser Wein	**dúas cervexas** zwei Bier
cincocentos marcos fünfhundert Mark	**cincocentas pesetas** fünfhundert Peseten

25.854 pts. = **vintecinco mil oitocentas cincuenta e catro pesetas**

Ordnungszahlen

o/a primeiro/a	der/die erste
o/a segundo/a	der/die zweite
o/a terceiro/a	der/die dritte
o/a cuarto/a	der/die vierte
o/a quinto/a	der/die fünfte
o/a sexto/a	der/die sechste
o/a sétimo/a	der/die siebte
o/a oitavo/a	der/die achte
o/a noveno/a	der/die neunte
o/a décimo/a	der/die zehnte
o/a derradeiro/a	der/die letzte

Correos está na segunda rúa á dereita.
Post ist in-die zweite Straße zu-die rechts
Die Post ist in der zweiten Straße rechts.

O noso cuarto está no terceiro andar.
der unser Zimmer ist in-der dritten Stock
Unser Zimmer ist im dritten Stock.

Maße und Mengen

un quilo	ein Kilo	**unha ducia**	ein Dutzend
cen gramos	hundert Gramm	**un par**	ein Paar
un litro	ein Liter	**un chisco**	ein wenig
un metro	ein Meter	**un cacho**	ein Stück
un quilómetro	ein Kilometer		

Quero unha ducia de ovos.
(ich-)will eine Dutzend von Eier
Ich möchte ein Dutzend Eier.

A miña nai merca un litro de leite.
die meine Mutter kauft ein Liter von Milch
Meine Mutter kauft einen Liter Milch.

Die Hälfte einer Menge wird mit **medio/a** gebildet, das im Gegensatz zum Deutschen immer ohne Artikel steht:

medio quilo de mexillóns
halber Kilo von Miesmuscheln
ein halbes Kilo Miesmuscheln

Comimos media sandía.
(wir-)aßen halbe Wassermelone
Wir aßen eine halbe Wassermelone.

Andere Teilmengen (1/3, 1/4) werden mit **un ... de** gebildet:

un tercio de queixo
ein Drittel von Käse
ein Drittel Käse

Quero un cuarto de empanada.
(ich-)will ein Viertel von Empanada
Ich möchte ein Viertel Empanada.

moito	viel	**pouco**	wenig
todo	alles	**algo**	etwas
máis	mehr	**menos**	weniger

Zeit und Datum

Zeit

¿Que hora é?
was Stunde (es-)ist
Wie spät ist es?

¿Levas hora?
(du-)trägst Stunde
Hast du die Uhrzeit?

Son as dúas.
(sie-)sind die zwei
Es ist zwei Uhr.

Si, é a unha.
ja, (es-)ist die eins
Ja, es ist ein Uhr.

Die Uhrzeiten stehen immer mit dem weiblichen Artikel, da das Wort **hora** (Stunde) mitgedacht wird. Außer bei ein Uhr wird dementsprechend immer die Mehrzahlform des Artikels benutzt.

as oito e cinco
die acht und fünf
fünf nach acht

as oito e cuarto
die acht und viertel
viertel nach acht

as oito e media
die acht und halb
halb neun

as nove menos vintecinco
die neun weniger fünfundzwanzig
fünf nach halb neun

as nove menos cuarto
die neun weniger viertel
viertel vor neun

as nove menos sete
die neun weniger sieben
sieben vor neun

Son as seis e media pasadas.
(sie-)sind die sechs und halb vergangen
Es ist halb sieben vorbei.

¿A que hora sae o autobús?
zu was Stunde rausgeht der Autobus
Um wieviel Uhr fährt der Bus ab?

Ás tres en punto.
zu-die drei in Punkt
Um punkt drei Uhr.

hoxe	heute
onte / antonte	gestern / vorgestern
mañá / pasadomañá	morgen / übermorgen
a madrugada	der frühe Morgen
a mañá	der Morgen (bis ca. 14 Uhr)
o mediodía	der Mittag (von 12 bis 14 Uhr)
a tarde	der Nachmittag
o serán	der Abend
a noite	die Nacht

Ás mañás estou na universidade.
zu-die Morgen (ich-)bin in-die Universität
Morgens bin ich in der Universität.

Imos chegar hoxe á tarde.
(wir-)gehen ankommen heute zu-die Nachmittag
Wir werden heute nachmittag ankommen.

¿Quedamos ás once da noite, logo?
(wir-)bleiben zu-die elf von-die Nacht, dann
Treffen wir uns dann also um elf Uhr abends?

a semana	die Woche		
o luns	Montag	**o sábado**	Samstag
o martes	Dienstag	**o domingo**	Sonntag
o mércores	Mittwoch	**laborable**	Werktag
o xoves	Donnerstag	**festivo, feirado**	Feiertag
o venres	Freitag	**a fin de semana**	das Wochenende

O noso avión sae o luns que vén.
der unser Flugzeug rausgeht der Montag der kommt
Unser Flugzeug geht kommenden Montag.

Os mércores hai cocido.
die Mittwochs es-gibt Eintopf
Mittwochs gibt es Eintopf.

o ano	das Jahr	**os meses**	die Monate
xaneiro	Januar	**xullo**	Juli
febreiro	Februar	**agosto**	August
marzo	März	**setembro**	September
abril	April	**outubro**	Oktober
maio	Mai	**novembro**	November
xuño	Juni	**decembro**	Dezember

as estacións	die Jahreszeiten		
a primavera	der Frühling	**o outono**	der Herbst
o verán	der Sommer	**o inverno**	der Winter

Sempre collo vacacións en marzo.
immer (ich-)nehme Ferien in März
Ich nehme immer im März Urlaub.

O meu cumpreanos é no outono, no mes de outubro.
der mein Geburtstag ist in-der Herbst, in-der Monat von Oktober
Mein Geburtstag ist im Herbst, im Oktober.

Datum

¿Hoxe, que día é?
heute, was Tag (es-)ist
Was für ein Tag ist heute?

Martes, trece de agosto.
Dienstag, dreizehn von August
Dienstag, der 13. August.

¿Que día naciches?
was Tag (du-)geboren-wurdest
An welchem Tag bist du geboren?

O trinta de abril de 1957.
der dreißig von April von 1957
Am 30. April 1957.

cedo	früh	**tarde**	spät
agora	jetzt	**despois**	danach, dann
xa	schon	**axiña**	bald
daquela	damals	**sempre**	immer
ás veces	manchmal	**decote**	oft

Kurz-Knigge

Im Grunde unterscheiden sich die galicischen Verhaltensweisen und Umgangsformen nicht sehr von den deutschen. Sie können also eigentlich nicht viel falsch machen, zumal wenn Sie etwas die Augen offenhalten und darauf achten, wie sich die Galicier und Galicierinnen selbst verhalten. Die folgenden Hinweise können aber vielleicht trotzdem ganz hilfreich sein:

Der Tagesrhythmus in Galicien weicht vom deutschen etwas ab. So ist eigentlich alles um etwa zwei Stunden nach hinten verschoben. Man steht zwar nicht unbedingt später auf, zu Mittag gegessen wird aber erst ab 14 Uhr. Es ist üblich, sich dafür Zeit zu nehmen, so daß die Mittagspause in der Regel von 14-17 Uhr dauert. Während dieser Zeit läuft auch in den größeren Städten nichts. Außer dem einen oder anderen Supermarkt ist alles zu, und wenn man etwas zu erledigen hat, sollte man das auf später verschieben. Dafür ist nach der Mittagspause dann auch entsprechend mehr Zeit: bis 20 oder sogar 21 Uhr wird gearbeitet und sind die Geschäfte geöffnet. Zu Abend ißt man etwa ab 22 Uhr. Hat man anschließend noch was vor, geht man auch dazu später los. Viele Konzerte und Vorstellungen im Theater oder Kino fangen erst um 22 oder 23 Uhr an. Auch die Kneipen füllen sich natürlich entsprechend später, und in einer Diskothek ist vor halb zwei Uhr nachts nichts los.

Geht man abends einen trinken, so läuft auch das etwas anders ab als in Deutschland. In der Regel bleibt man nicht stundenlang in der gleichen Kneipe sitzen, sondern geht z.T. schon nach zehn Minuten in die nächste. Dafür sind dann auch die Gläser entsprechend kleiner. Unüblich ist es, daß alle einzeln bezahlen. Entweder wechselt man sich von Kneipe zu Kneipe ab, oder alle zahlen eine bestimmte Menge in einen **fondo**, aus dem dann die Getränke bezahlt werden.

Kleine Unterschiede zu Deutschland gibt es auch bei den Höflichkeitsformen. So wird in Galicien z.B. viel mehr geduzt, als es bei uns üblich ist. Das formellere 'Sie' benutzen die Galicier und Galicierinnen eigentlich nur gegenüber älteren Leuten oder besonderen Respektpersonen. Trotzdem sollten Sie im Zweifelsfall eher zum 'Sie' greifen, um nicht unfreiwillig unhöflich zu wirken. Ebenso wie das 'Sie' werden auch 'bitte' und 'danke' im Galicischen viel sparsamer eingesetzt, als man das vom Deutschen gewohnt ist, was aber nichts mit Unfreundlichkeit zu tun hat.

Andererseits sollten Sie nicht vergessen, immer zu grüßen und sich zu verabschieden, wenn Sie z.B. ein Geschäft oder eine Kneipe betreten oder verlassen. Beides gilt als selbstverständlich. Genausowenig verschwindet man einfach wortlos aus einer Gruppe, wenn man mal zur Toilette oder schnell telefonieren geht, sondern man sagt kurz Bescheid.

Wundern Sie sich nicht, wenn Ihnen jemand vorgestellt wird und Sie mit zwei Küßchen auf die Wangen begrüßt. Das gilt nicht als besondere Vertraulichkeit, sondern als durchaus üblich, auch wenn man sich noch nicht gut kennt. (Männer untereinander geben sich allerdings in der Regel nur die Hand.)

Ein letzter Unterschied ist noch die Funktion, die die Wohnung im Vergleich zu öffentlichen Treffpunkten wie Bars und Cafés hat. In Galicien hat die Wohnung privateren Charakter als in Deutschland, so daß man sich eher in einer Kneipe verabredet als zu Hause, vor allem wenn man sich erst flüchtig kennt.

Mit diesen kleinen Hilfestellungen kommen Sie sicher schon ganz gut zurecht, ansonsten gilt natürlich: Zugucken und Nachmachen.

Floskeln und Redewendungen

Begrüßen und verabschieden

Olá	Hallo
Bos días	Guten Morgen/Guten Tag (etwa bis 14 Uhr)
Boas tardes	Guten Tag (etwa bis 22 Uhr)
Boas noites	Guten Abend (ab 22 Uhr), gute Nacht

Olá, ¿que tal?
hallo, was so
Hallo, wie geht's?

¿Cómo estás?
wie (du-)bist
Wie geht es dir?

Como sempre.
wie immer
Wie immer.

Ben, ¿e ti?
gut, und du
Gut, und dir?

Die Frage **¿que tal?** ist eher als Teil der Begrüßung zu verstehen und nicht so sehr als echte Frage. Man beantwortet sie nur kurz oder läßt sie sogar unbeantwortet. Es geht in dieser Situation zumindest nicht darum, wirklich zu sagen, wie es einem geht.

Ata logo	Auf Wiedersehen
Agur, aguriño	Tschüß
Ata mañá	Bis morgen

Marcho, ata logo.
(ich-)gehe, bis bald
Ich gehe, auf Wiedersehen.

Vou dormir, ata mañá.
(ich-)gehe schlafen, bis morgen
Ich gehe schlafen, bis morgen.

Bitten, danken, sich entschuldigen

¿Canto é?, por favor.
wieviel (es-)ist, bitte
Wieviel macht das, bitte?

¿Pódeme dicer como chego ó Concello?
(Sie-)kann-mir sagen wie (ich-)ankomme zu-der Rathaus
Können Sie mir sagen, wie ich zum Rathaus komme?

¿Pásasme o viño?
(du-)reichst-mir der Wein
Reichst du mir bitte den Wein?

¿Tes lume?
(du-)hast Feuer
Hast du Feuer, bitte?

Gracias - Danke.

Moitas gracias - Vielen Dank.

Moitas gracias pola axuda.
vielen Dank für-die Hilfe
Vielen Dank für die Hilfe.

De nada.
von nichts
Keine Ursache.

Síntoo - Tut mir leid.

Perdón - Entschuldigung.

Sinto chegar tarde.
(ich-)bedaure ankommen spät
Tut mir leid, daß ich zu spät komme.

Non importa.
nicht (es-)ist-wichtig
Das macht nichts.

Mire - Schauen Sie bitte!
Desculpe - Entschuldigen Sie!

Mira - Schau mal!/Hallo!
Desculpa - Entschuldige!

Mira, dous bocadillos de queixo.
Schau, zwei Brötchen von Käse
Zwei Käsebrötchen, bitte.

Mira (bzw. **mire**) ist auf galicisch eine gängige Form, auf sich aufmerksam zu machen, auch wenn es für einen Deutschen oder eine Deutsche ziemlich unverschämt klingt.

Perdón, ¿deíxame pasar?
Entschuldigung, (Sie-)läßt-mich vorbeigehen
Entschuldigung, lassen Sie mich bitte vorbei?

Zustimmen, ablehnen, zweifeln

si	ja
de acordo	einverstanden
vale	O.K.
claro	klar

Claro que vou convosco.
klar daß (ich-)gehe mit-euch
Klar komme ich mit euch.

De certo que si.
von richtig daß ja
Aber sicher.

Éche ben certo.
(es-)ist-dir gut richtig
Das ist völlig richtig.

¡Si ho! Si que quero.
ja ho, ja daß (ich-)will
Aber ja, klar will ich.

non	nein
en absoluto	überhaupt nicht
quizais / tal vez	vielleicht

Non o creo.
nicht es (ich-)glaube
Das glaube ich nicht.

Seica toleaches.
etwa (du-)wurdest-verrückt
Du spinnst wohl.

Síntoo, pero non podo saír convosco esta noite.
(ich-)bedaure-es, aber nicht (ich-)kann ausgehen mit-euch diese Nacht
Tut mir leid, aber ich kann heute abend nicht mit euch ausgehen.

¡Non ho! Que vou querer.
nein ho, daß (ich-)gehe wollen
Aber nein, ich will wirklich nicht.

Se cadra paso pola túa casa esta tarde.
wenn (es-)paßt (ich-)vorbeikomme für-die deine Haus diese Nachmittag
Wenn es mir reinpaßt, komme ich heute nachmittag bei dir vorbei.

Non o sei.
nicht es (ich-)weiß
Ich weiß es nicht.

Disque vai chover.
(es-)sagt-sich-daß (es-)geht regnen
Es scheint, daß es regnen wird.

Das erste Gespräch

Vorstellung

Olá, son Jessica.
hallo, (ich-)bin Jessica
Hallo, ich bin Jessica.

E ti, ¿como te chamas?
und du, wie dich (du-)nennst
Und du, wie heißt du?

Eu chámome Andrea.
ich nenne-mich Andrea
Ich heiße Andrea.

E este é o meu amigo Miguel.
Und dieser ist der mein Freund Miguel.
Und das ist mein Freund Miguel.

O meu nome é María Casal.
der mein Name ist María Casal
Mein Name ist María Casal.

Tanto gosto.
soviel Gefallen
Sehr erfreut.

¿De onde sodes?
von wo (ihr-)seid
Wo seid ihr her?

Somos de Alemaña.
(wir-)sind von Deutschland
Wir sind aus Deutschland.

E vosté, ¿é suiza?
und Sie, (Sie-)ist Schweizerin
Und Sie, sind Sie Schweizerin?

Non, son alemana, pero vivo en Berna.
nein, (ich-)bin Deutsche, aber (ich-)lebe in Bern
Nein, ich bin Deutsche, aber ich lebe in Bern.

¿Cantos anos tes?
wieviele Jahre (du-)hast
Wie alt bist du?

Teño trinta e catro.
(ich-)habe dreißig und vier
Ich bin vierunddreißig.

¿Que idade ten?
was Alter (Sie-)hat
Wie alt sind Sie?

Nacín en mil novecentos corenta.
(ich-)geboren-wurde in tausend neunhundert vierzig
Ich bin 1940 geboren.

¿Estades de vacacións?
(ihr-)seid von Ferien
Macht Ihr Ferien?

Non, estudamos galego aquí.
nein, (wir-)studieren Galicisch hier
Nein, wir studieren hier Galicisch.

Xa levamos tres semanas en Galicia.
schon (wir-)mitnehmen drei Wochen in Galicien
Wir sind schon drei Wochen in Galicien.

Familie

a familia	die Familie	**os pais**	die Eltern
o pai	der Vater	**a nai**	die Mutter
o fillo	der Sohn	**a filla**	die Tochter
o irmán	der Bruder	**a irmá**	die Schwester
o avó	der Großvater	**a avoa**	die Großmutter
o tío	der Onkel	**a tía**	die Tante
o sobriño	der Neffe	**a sobriña**	die Nichte
o home	der Ehemann	**a muller**	die Ehefrau
o mozo	der Freund	**a moza**	die Freundin
o compañeiro	der Partner	**a compañeira**	die Partnerin

¿Tes irmáns?	**Non, son fillo único.**
(du-)hast Brüder	*nein, (ich-)bin Sohn einziger*
Hast du Geschwister?	Nein, ich bin Einzelkind.

Teño unha irmá e dous irmáns.
(ich-)habe eine Schwester und zwei Brüder
Ich habe eine Schwester und zwei Brüder.

A miña moza vive todo o ano aquí.
die meine Freundin lebt ganz der Jahr hier
Meine Freundin lebt das ganze Jahr hier.

¿Viaxa vosté so?	**Non, están tamén os meus fillos.**
reist Sie allein	*nein, sind auch die meine Söhne*
Reisen Sie allein?	Nein, meine Kinder sind auch hier.

solteiro/a	ledig
casado/a	verheiratet
divorciado/a	geschieden
viuvo/a	verwitwet

¿Estás solteiro?	**Si, pero teño mozo en Hamburgo.**
(du-)bist ledig	*ja, aber (ich-)habe Freund in Hamburg*
Bist du ledig?	Ja, aber ich habe einen Freund in Hamburg.

¿Sodes parella?	**Si, aínda que non estamos casados.**
(ihr-)seid Paar	*ja, noch daß nicht (wir-)sind verheiratet*
Seid ihr ein Paar?	Ja, obwohl wir nicht verheiratet sind.

Beruf

¿Estudas?	**Si, estudo arte.**
(du-)studierst	*ja, (ich-)studiere Kunst*
Studierst du?	Ja, ich studiere Kunst.

¿De que traballas?
von was (du-)arbeitest
Was arbeitest du?

Traballo de ebanista.
(ich-)arbeite von Schreiner/-in
Ich arbeite als Schreiner/-in.

Son profesora e estou no paro.
(ich-)bin Lehrerin und (ich-)bin in-der Arbeitslosigkeit
Ich bin Lehrerin, und ich bin arbeitslos.

Estamos xubilados.
(wir-)sind pensioniert
Wir sind in Rente.

Wetter

o ceo	der Himmel	**a néboa**	der Nebel
a nube	die Wolke	**a trevoada**	das Gewitter
o sol	die Sonne	**a neve**	der Schnee
o vento	der Wind	**o xelo**	das Eis
a chuvia	der Regen		

Vai bo día.
(es-)geht gut Tag
Es ist schönes Wetter.

Vai sol.
(es-)geht Sonne
Es scheint die Sonne.

Vai frío.
(es-)geht Kälte
Es ist kalt.

Chove.
(es-)regnet
Es regnet.

Estamos a vintetres graos.
(wir-)sind zu zwanzigdrei Grade
Wir haben dreiundzwanzig Grad.

Vai unha calor que morren os paxaros.
(es-)geht eine Hitze daß sterben die Vögel
Es herrscht eine Affenhitze.

Teño calor.
(ich-)habe Hitze
Mir ist warm.

¿Que tempo dan para mañá?
was Wetter (sie-)geben für morgen
Was für ein Wetter ist für morgen angesagt?

o paraugas	der Regenschirm
o chuvasqueiro	die Regenjacke
a roupa de abrigo	die warme Kleidung

Sich verabreden/Einladen/Ausgehen

¿Quedamos para saír esta noite?
(wir-)bleiben für ausgehen diese Nacht
Gehen wir heute abend zusammen aus?

¿Imos tomar unha copa?
(wir-)gehen nehmen eine Glas
Gehen wir einen trinken?

Vale, ¿como quedamos?
(es-)gilt, wie (wir-)bleiben
O.K., wann und wo treffen wir uns?

Podemos quedar ás once no ...
(wir-)können bleiben zu-die elf in-der ...
Wir können uns um elf im ... treffen.

Hoxe non podo, ¿quedamos para mañá?
heute nicht (ich-)kann, (wir-)bleiben für morgen
Heute kann ich nicht, treffen wir uns morgen?

¿Queredes vir mañá de excursión connosco?
(ihr-)wollt kommen morgen von Ausflug mit-uns
Wollt ihr morgen mit uns einen Ausflug machen?

Pasamos pola vosa casa ás dez.
(wir-)vorbeikommen für-die eure Haus zu-die zehn
Wir kommen um zehn bei euch vorbei.

Wenn Sie jemand zu sich nach Hause einlädt, wird es in der Regel Mittag- oder Abendessen geben. Mit Gästen ißt man in Galicien gut und reichlich, stellen Sie sich auf mehrere Gänge und auf einen längeren Aufenthalt ein. Es ist eher unüblich, zu einer Einladung etwas mitzubringen.

Wenn Sie jemanden einladen und die entsprechende Person lehnt erstmal dankend ab, fragen Sie nochmal nach und wiederholen sie die Einladung. In Galicien ziert man sich gerne ein bißchen, bevor man zusagt.

Queda comer.
bleib essen
Bleib doch zum Essen.

¿Por que non vés comer á casa?
warum nicht (du-)kommst essen zu-die Haus
Warum kommst du nicht zu uns zum Essen?

Non quero ser molestia.
nicht (ich-)will sein Belästigung
Ich will nicht stören.

¡Que vai ser molestia!
daß (es-)geht sein Belästigung
Aber du störst doch nicht!

Vou, gracias. ¿A que hora paso?
(ich-)gehe, danke. zu was Stunde (ich-)vorbeikomme
Ich komme gern, danke. Um wieviel Uhr soll ich da sein?

Pasa á unha. Vivimos na rúa de Rosalía de Castro 17, 3º der. (número dezasete, terceiro dereita).
vorbeikomm zu-die eine. (wir-)leben in-die Straße von Rosalía de Castro 17, 3. rechts (Nummer siebzehn, dritter rechts)
Komm um eins. Wir wohnen in der Rosalía de Castro-Straße 17, 3. Stock rechts.

Die zweite Nummer der Adresse bezeichnet das Stockwerk, der Zusatz **dereita/esquerda** oder ein Buchstabe die Wohnung. Es ist wichtig, sich diese Angaben zu merken, da an der Klingel und an den Wohnungstüren keine Namen stehen.

¿Queres máis polo?
(du-)willst mehr Hähnchen
Möchtest du noch Hähnchen?

Non gracias, estou cheo/a.
nein danke, (ich-)bin voll
Nein danke, ich bin satt.

Pero colle máis, ¿este cachiño?
aber nimm mehr, dieser Stückchen
Nimm doch noch was. Dieses Stück hier?

Si vale, pero pouco.
ja (es-)gilt, aber wenig
Ja gut, aber wenig, bitte.

Vou estoupar.
(ich-)gehe platzen
Ich platze.

¡Que bo está isto!
was gut ist dies
Das schmeckt sehr gut!

Está moi bo este viño.
ist sehr gut dieser Wein
Dieser Wein ist sehr gut.

¡Que ben comín!
was gut (ich-)aß
Das Essen war ausgezeichnet!

¿Imos á discoteca?
(wir-)gehen zu-die Diskothek
Gehen wir in die Disko?

¿Bailamos?
(wir-)tanzen
Tanzen wir?

Gústame moito esta canción.
gefällt-mir viel diese Lied
Dieses Lied finde ich sehr gut.

¡Que mala é aquí a música! ¿Marchamos?
was schlecht ist hier die Musik, (wir-)gehen
Wie schlecht ist hier die Musik! Gehen wir?

o cinema	das Kino
a película	der Film
o día do espectador	der Kinotag
o teatro	das Theater
a obra de teatro	das Theaterstück
o concerto	das Konzert
a entrada	die Eintrittskarte
a taquilla	die Kasse
entrada libre	Eintritt frei
a venda anticipada	der Vorverkauf

Dúas entradas para a sesión das oito.
zwei Eintrittskarten für die Vorstellung von-die acht
Zwei Eintrittskarten für die Acht-Uhr-Vorstellung, bitte.

Quero reservar unha entrada para o concerto de ...
(ich-)will reservieren eine Eintrittskarte für der Konzert von ...
Ich möchte für das Konzert von ... eine Eintrittskarte zurücklegen lassen.

¿Hai desconto de estudantes?
(es-)gibt Ermäßigung von Studenten
Gibt es Studentenermäßigung?

Essen und Trinken

In Galicien beginnt man den Tag mit einem recht kargen Frühstück (**almorzo**), das in der Regel nur aus Kaffee und einer Scheibe Toast oder etwas Süßem besteht. Zu Mittag gegessen wird ab 14 Uhr (**comida, xantar**). Dafür nimmt man sich viel Zeit und ißt unter Umständen mehrere Gänge. Auch abends wird meistens warm und ausgiebig gegessen, im Restaurant gibt es ab etwa 22 Uhr Abendessen (**cea**).

Frühstück

o café só	der schwarze Kaffee
o café con leite	der Milchkaffee
o café cortado	der Kaffee mit Milch
o chocolate	die heiße Schokolade
o té	der Tee
o zume de laranxa	der Orangensaft
o vaso de leite	das Glas Milch
o bolo	das Hefeteilchen, Plunderstück
o croissant	das Croissant
os churros	Spritzgebäck (in Öl fritiert)
as torradas	die Toastscheiben
o azucre	der Zucker
a marmelada	die Marmelade
a manteiga	die Butter

un chocolate con churros
ein Schokolade mit churros
eine heiße Schokolade mit Churros

un vaso de leite quente
ein Glas von Milch heiß
ein Glas heiße Milch

Mittag- und Abendessen

sopas e potaxes - Suppen und Eintöpfe

a sopa	Nudelsuppe	**a fabada**	Bohneneintopf
o caldo	Brühe	**os callos**	Kutteln
as lentellas	Linsen	**os garavanzos**	Kichererbsen

ovos - Eier

os ovos fritos	Spiegeleier
a tortilla francesa	Omelett
a tortilla de patacas	Kartoffelomelett

carne - Fleisch

terneira	Kalb	**a chuleta**	Kotelett
vaca	Rind	**o filete, o bisté**	Schnitzel
porco	Schwein	**a milanesa**	paniertes Schnitzel
polo	Hähnchen		
cordeiro	Lamm		

peixe - Fisch

as sardiñas	Sardinen	**a pescada**	Seehecht
as xoubas	kl. Sardinen	**o linguado**	Seezunge
o bacallau	Kabeljau	**os calamares**	Kalamares

mariscos - Meeresfrüchte

os mexillóns	Miesmuscheln	**as ostras**	Austern
as ameixas	Venusmuscheln	**as gambas**	Krabben
as vieiras	Jakobsmuscheln	**as nécoras**	Krebse
as navallas	Schwertmuscheln	**a centola**	Seespinne

Zubereitungsart

cocido/a	gekocht
asado/a	gebraten (im Ofen)
frito/a	fritiert
empanado/a	paniert
guisado/a	geschmort
á plancha	kurzgebraten
á parrilla, á grella	gegrillt
moi feito/a	durchgebraten
pouco pasado/a	medium
para levar	zum Mitnehmen

Beilagen

a ensalada	Salat
o arroz	Reis
as patacas cocidas	gekochte Kartoffeln
as patacas fritas	Pommes frites

Un filete á plancha con patacas fritas e unha ensalada.
ein Schnitzel zu-die Platte mit Kartoffeln fritierte und eine Salat
Ein gebratenes Schnitzel mit Pommes frites und ein Salat.

postre - Nachtisch

a froita	Obst
o iogur	Joghurt
o flan	Karamelpudding
o xelado	Eis
as natillas	Cremespeise
o arroz con leite	Milchreis
a torta	Torte, Kuchen

bebidas - Getränke

a auga con gas	Mineralwasser	**a cervexa**	Bier
a auga sen gas	stilles Wasser	**a gasosa**	Brause
o viño branco	Weißwein	**a sidra**	Cidre
o viño tinto	Rotwein	**o zume**	Saft

unha auga con gas do tempo
eine Wasser mit Kohlensäure von-der Wetter
ein Mineralwasser mit Zimmertemperatur

un zume de piña frío
ein Saft von Ananas kalt
ein kalter Ananassaft

am Tisch

o plato	Teller
o vaso	Glas
a taza	Tasse
a botella	Flasche
a xerra	Krug
o garfo	Gabel
o coitelo	Messer
a culler	Löffel

a culleriña	Teelöffel
a servilleta	Serviette
o palillo	Zahnstocher
o pan	Brot
o sal	Salz
a pementa	Pfeffer
o aceite	Öl
o vinagre	Essig

¿Pode traer outra xerra de viño e máis pan?
(Sie-)kann bringen andere Krug von Wein und mehr Brot
Können Sie bitte noch einen Krug Wein und mehr Brot bringen?

Falta un garfo e un coitelo.
(es-)fehlt ein Gabel und ein Messer
Es fehlen eine Gabel und ein Messer.

Galicische Spezialitäten

Die galicische Küche ist sehr deftig. Es wird viel Fleisch gegessen, viele Kartoffeln und kaum frisches Gemüse, an der Küste allerdings auch viel Fisch und Meeresfrüchte. Man legt nicht so großen Wert auf ausgefeilte Kochkünste, sondern kocht relativ einfach, aber reichhaltig. Es lohnt sich auf jeden Fall, die örtlichen Spezialitäten zu probieren, Vegetarier und Vegetarierinnen haben es aber unter Umständen schwer, im Restaurant etwas Passendes zu finden.

empanada	eine Art flache Pastete, die mit den unterschiedlichsten Dingen gefüllt sein kann, z.B. Fisch, Fleisch u.a. (wird mit der Hand gegessen!)
pulpo, polbo	Tintenfisch, der gekocht und anschließend in Stücke geschnitten wird, man ißt ihn mit Öl und Paprika
chourizo	Paprikawurst aus Schweinefleisch, sie wird entweder in Eintöpfen mitgekocht, gebraten oder auch kalt als Aufschnitt gegessen
zorza	Schweinefleisch in Stücken mit Paprika und Öl
churrasco	gegrillte Rippchen aus Schweine- oder Kalbfleisch
cocido	Eintopf aus **grelos** (Steckrübenblätter), Kartoffeln, Kohl, weißen Bohnen und verschiedenen Arten von Schweinefleisch
caldo	Brühe mit den gleichen Zutaten wie der **cocido**
lacón con grelos	gekochter Vorderschinken vom Schwein mit **grelos** und Kartoffeln
pimentos de Padrón	kleine grüne Paprika, die gebraten gegessen werden - am besten im Frühsommer, weil sie sonst sehr scharf sind
tetilla	"Brüstchen", ungereifter Käse aus Kuhmilch

filloa, freixó	dünner Pfannkuchen
torta de Santiago	Mandelkuchen
queimada	Getränk, das bei großen Festen getrunken wird, enthält **augardente** (Schnaps), Zucker, Zitronenschale und wird flambiert

Will man 'richtig' essen, wird man in der Regel in ein Restaurant (**restaurante, mesón, casa de comidas**) gehen. Man kann entweder 'à la carte' essen oder ein **menú do día** (Tagesmenü), das meistens zwei Gänge, Nachtisch oder Kaffee, Brot und Getränk enthält. Außerhalb der normalen Essenszeiten kann man allerdings auch den ganzen Tag in einer **bar** eine Kleinigkeit essen. Dort gibt es z.B. **bocadillos** (belegte Brötchen), **racións** (mittelgroße Portionen der verschiedensten Gerichte, z.B. Schinken oder **pulpo**) und **tapas,** kleine Happen, die - je nach Stadt oder Lokal - kostenlos zum Getränk serviert, oder extra bestellt und bezahlt werden.

¿Hai sitio para tres persoas?
(es-)gibt Platz für drei Personen
Haben Sie Platz für drei Personen?

¿Podemos ver a carta?
(wir-)können sehen die Karte
Können wir die Karte sehen?

¿Que teñen para comer?
was (Sie-)haben für essen
Was haben Sie zu essen?

Eu quero de primeiro caldo e de segundo pescada.
ich will von erster Brühe und von zweiter Seehecht
Ich möchte als ersten Gang Brühe und als zweiten Seehecht.

Desculpe, ¿podo coller o sal?
entschuldigen(-Sie), (ich-)kann nehmen der Salz
Entschuldigen Sie, kann ich das Salz haben?

Non pedimos isto.
nicht (wir-)bestellten dies
Das haben wir nicht bestellt.

¿Onde está o servicio?
wo ist der Toilette
Wo ist die Toilette?

¿Pode traer a conta?
(Sie-)kann bringen die Rechnung
Können Sie bitte die Rechnung bringen?

¿Cobra aquí?
(Sie-)kassiert hier
Kassieren Sie hier bitte?

¿Canto é?
Wieviel (es-)ist
Wieviel macht das?

¿Non é moito?
nicht (es-)ist viel
Ist das nicht zuviel?

¿Está ben sumada esta conta?
Ist gut zusammengezählt diese Rechnung?
Stimmt die Rechnung?

Falls man Trinkgeld (**propina**) geben will, bezahlt man erst den genauen Betrag und läßt den Rest dann auf dem Teller liegen, auf dem die Rechnung gebracht wird.

Bars und Lokale

Es gibt verschiedene Arten von Lokalen, in denen man etwas trinken gehen kann. Die **bars** sind auch tagsüber geöffnet und schließen 'relativ' früh (gegen 24 Uhr). Man kann dort auch Kaffee trinken oder eine Kleinigkeit essen, zum Bier oder Wein (den man aus Tassen trinkt) bekommt man oft **tapas**. Für den späteren Abend gibt es die **pubs**, in denen meistens Musik läuft und wo die Getränke in der Regel etwas teurer sind. In den **pubs** gibt es nichts zu essen.

Nachmittags kann man außer in den **bars** auch in **cafés** etwas trinken. Während die **bars** oft etwas karg eingerichtet sind, kann man in den **cafés** z.T. ganz gemütlich sitzen.

a cervexa	das Bier	**o coñaq**	der Cognac
o curto	kleines Glas Faßbier	**o whisky**	der Whisky
a caña	Glas Faßbier	**a vodca**	der Wodka
a clara	Radler/Alsterwasser	**o run**	der Rum
o viño ...	der ... Wein	**a augardente**	der Schnaps
xoven	"junge" (1 Jahr alt)	**o licor de ...**	der ... Likör
tinto	Rot-	**mazá**	Apfel-
branco	Weiß-	**café**	Kaffee-
a taza	die Tasse Wein	**avelá**	Haselnuß-
o vermut	der Wermut	**o chupo de...**	das Gläschen ...
a tónica	das Tonic Water	**o caraxillo**	flambierter Kaffee

Un whisky con Coca-Cola, sen xelo, por favor.
ein Whisky mit Coca-Cola, ohne Eis, bitte
Einen Whisky-Cola ohne Eis, bitte.

Quero unha cervexa sen alcool.
(ich-)will eine Bier ohne Alkohol
Ich möchte bitte ein alkoholfreies Bier.

Onte bebín demasiado.
gestern (ich-)trank zuviel
Gestern habe ich zuviel getrunken.

Estou bébedo/a.
(ich-)bin betrunken
Ich bin betrunken.

Estou de resaca.
(ich-)bin von Brandung
Ich bin verkatert.

Unterwegs

a cidade	Stadt	**a praza**	Platz
a aldea	Dorf	**o cruce**	Kreuzung
a zona vella	Altstadt	**a encosta**	Steigung, Abhang
o centro	Zentrum	**a ponte**	Brücke
a estrada	Landstraße	**a casa**	Haus
o camiño	Weg	**a igrexa**	Kirche
a pista	Erdpiste	**o mapa**	Land-/Straßenkarte
a rúa	Straße	**o plano**	Stadtplan

aquí	**aí**	**alá**
hier	da	dort
á esquerda	**á dereita**	**todo recto**
nach links	nach rechts	geradeaus

¿Onde está o porto?
wo ist der Hafen
Wo ist der Hafen?

¿Hai un supermercado por aquí?
(es-)gibt ein Supermarkt für hier
Gibt es hier irgendwo einen Supermarkt?

¿Como se chega á estación?
wie sich (es-)ankommt zu-die Bahnhof
Wie kommt man zum Bahnhof?

Colles a primeira rúa á esquerda e segues todo recto.
(du-)nimmst die erste Straße zu-die Linke und (du-)folgst ganz gerade
Du biegst die erste Straße links ab und gehst dann immer geradeaus.

Por aquí vai mal, ten que dar a volta.
für hier (Sie-)geht schlecht, (Sie-)hat daß geben die Runde
Hier sind Sie falsch, Sie müssen umkehren.

... mit öffentlichen Verkehrsmitteln

Im Gegensatz zu Deutschland werden in Galicien auch längere Strecken mit dem Autobus zurückgelegt. Vor allem auf dem Land und an der Küste spielen die Busse eine große Rolle, weil die kleinen Orte in der Regel keine Zugverbindung haben.

o autobús	der Bus
a estación de autobuses	der Busbahnhof
o tren	der Zug
a estación (de tren)	der Bahnhof
o avión	das Flugzeug
o aeroporto	der Flughafen
o barco	das Boot
o porto	der Hafen
o billete	die Fahrkarte
o horario	der Fahrplan
a saída	die Abfahrt
a chegada	die Ankunft
o andén	der Bahn-, Bussteig
a vía	das Gleis
a parada	die Haltestelle
o asento	der Sitzplatz
fumador / non fumador	Raucher / Nichtraucher
a equipaxe	das Gepäck
a consigna	die Gepäckaufbewahrung
o retraso	die Verspätung

¿A que hora sae o autobús a Noia?
zu was Stunde rausgeht der Autobus zu Noia
Um wieviel Uhr fährt der (nächste) Bus nach Noia?

¿Onde para o autobús?
wo hält der Autobus
Wo hält der Bus?

¿A que hora hai tren a Irún?
zu was Stunde (es-)gibt Zug zu Irún
Um wieviel Uhr fahren Züge nach Irún?

Dous billetes de ida e volta en segunda.
zwei Fahrkarten von Hinfahrt und Rückfahrt in zweite
Zwei Fahrkarten 2. Klasse, hin und zurück.

¿Hai que facer algún trasbordo?
(es-)gibt daß machen irgendein Umsteigen
Muß man irgendwo umsteigen?

¿Leva liteiras este tren?
trägt Liegen dieser Zug
Hat dieser Zug Liegewagen?

... mit dem Taxi

Auf einigen Strecken (z.B. zum Flughafen) gibt es manchmal Pauschalpreise. Diese können nachts nochmal höher sein als tagsüber, auch für (größere) Gepäckstücke muß man unter Umständen extra bezahlen. Fragen Sie beim Einsteigen nach dem Preis und verlangen Sie im Zweifelsfall eine Quittung.

o taxi - das Taxi

libre/ocupado - frei/besetzt

Ó aeroporto, por favor.
zu-der Flughafen, bitte
Zum Flughafen, bitte.

¿Por canto vai saír?
für wieviel (es-)geht rausgehen
Wieviel wird das kosten?

Está así.
(es-)ist so
Stimmt so.

¿Pódeme dar unha factura?
(Sie-)kann-mir geben eine Rechnung
Können Sie mir bitte eine Quittung geben?

... mit dem Auto

o coche	Auto
a moto	Motorrad
ir a dedo	trampen
o carné de conducir	Führerschein
o seguro	Versicherung
a autoestrada	Autobahn
a peaxe	Autobahngebühr
a área de descanso	Rastplatz
a saída	Ausfahrt
o desvío	Umleitung
precaución	Vorsicht
perigo	Gefahr
obras	Baustelle
o aparcamento	Parkplatz
ceda o paso	Vorfahrt gewähren
vado permanente	Einfahrt Tag und Nacht freihalten
proibido aparcar	Parken verboten
o atasco	Stau

¿Onde hai unha gasolinera?
wo (es-)gibt eine Tankstelle
Wo gibt es hier eine Tankstelle?

Tres mil de super.
drei tausend von Super
Super für dreitausend Peseten.

O depósito cheo, por favor.
der Tank voll, bitte
Volltanken bitte.

Vinte litros de gas-oil.
zwanzig Liter von Diesel
Zwanzig Liter Diesel.

gasolina normal	Normalbenzin	**super**	Super
sen chumbo	bleifrei	**gas-oil**	Diesel
aire	Luft	**auga**	Wasser
o aceite	Öl		

Temos unha avaría, ¿pódenos axudar?
(wir-)haben eine Panne, (Sie-)kann-uns helfen
Wir haben eine Panne, können Sie uns helfen?

Os freos están mal.
die Bremsen sind schlecht
Die Bremsen funktionieren nicht richtig.

Necesitamos unha grúa.
(wir-)brauchen eine Abschleppwagen
Wir brauchen einen Abschleppwagen.

Temos unha roda pinchada.
(wir-)haben eine Rad gestochen
Unser Reifen hat ein Loch.

¿Onde queda o taller máis próximo?
wo bleibt der Werkstatt mehr nächste
Wo ist die nächste Autowerkstatt?

a peza de recambio	das Ersatzteil
o arranque	der Anlasser
o tubo de escape	der Auspuff
a batería	die Batterie
os freos	die Bremsen
a caixa de cambios	das Getriebe
a correa do ventilador	der Keilriemen
o embrague	die Kupplung
a dirección	die Lenkung
o motor	der Motor
os pneumáticos	die Reifen
as luces	die Scheinwerfer
o amortecedor	der Stoßdämpfer
o carburador	der Vergaser
a buxía	die Zündkerze

Tivemos un accidente.
(wir-)hatten ein Unfall
Wir hatten einen Unfall.

Avise á policia.
benachrichtigen(-Sie) zu-die Polizei
Benachrichtigen Sie die Polizei.

Chame unha ambulancia.
rufen(-Sie) eine Krankenwagen
Rufen Sie einen Krankenwagen.

... mit dem Fahrrad

a bicicleta	Fahrrad	**a bomba**	Luftpumpe
as zapatas	Bremsbeläge	**a cámara**	Schlauch
os parches	Flicken	**a válvula**	Ventil

Da die Teile des Fahrrads zum Teil mit denen des Autos übereinstimmen, siehe auch die obige Liste.

¿Pódese levar bicicletas neste tren?
(es-)kann-sich mitnehmen Fahrräder in-dieser Zug
Kann man in diesem Zug Fahrräder mitnehmen?

¿Canto custa facturar unha bicicleta a ...?
wieviel (es-)kostet aufgeben eine Fahrrad zu ...
Wieviel kostet es, ein Fahrrad nach ... aufzugeben?

¿Teñen un lugar para deixar a bicicleta?
(Sie-)haben ein Platz für lassen die Fahrrad
Haben Sie einen Platz, wo ich das Fahrrad lassen kann?

... auf dem Jakobsweg

¿Vaise ben por aquí polo Camiño de Santiago?
(es-)geht-sich gut für hier für-der Weg von Santiago
Sind wir / Bin ich hier richtig auf dem Jakobsweg?

¿Quen sela a credencial de peregrino?
wer stempelt die Urkunde von Pilger
Wo bekommt man den Stempel für die Pilgerurkunde?

¿Onde está o refuxio de peregrinos?
wo ist der Herberge von Pilger
Wo ist die Pilgerherberge?

Auf dem Land

a paisaxe	Landschaft	**o río**	Fluß
o monte	Berg	**o prado**	Wiese
a montaña	Gebirge	**o bosque**	Wald
a árbore	Baum	**o carballo**	Eiche
o toxo	Stechginster	**o animal**	Tier
o piñeiro	Pinie	**a vaca**	Kuh
o eucalipto	Eukalyptus	**o cabalo**	Pferd

Fomos dar un paseo.
(wir-)gingen geben ein Spaziergang
Wir sind spazieren gegangen.

¿A onde vai este camiño?
zu wo geht dieser Weg
Wohin führt dieser Weg?

¿Sabe onde hai unha fonte?
(Sie-)weiß wo (es-)gibt eine Quelle
Wissen Sie, wo es eine Quelle gibt?

¿Queda moito para ...?
(es-)bleibt viel für ...
Ist es noch weit nach/bis ...?

An der Küste

a costa	Küste	**o porto**	Hafen
o mar	Meer	**o faro**	Leuchtturm
a praia	Strand	**marea alta**	Flut
a praia nudista	FKK-Strand	**marea baixa**	Ebbe
o acantilado	Steilküste	**a onda**	Welle
a rocha	Felsen	**a corrente**	Strömung
a ría	Ria (fjordähnliche Flußmündung)		

¿Hai un camiño para baixar á praia?
(es-)gibt ein Weg für runtergehen zu-die Strand
Gibt es einen Weg, um zum Strand runterzukommen?

¿É perigoso nadar aquí?
(es-)ist gefährlich schwimmen hier
Ist es gefährlich, hier zu schwimmen?

¿Está fría a auga?
ist kalt die Wasser
Ist das Wasser kalt?

¿Canto custa alugar unha táboa de windsurf?
wieviel (es-)kostet mieten eine Brett von Windsurf
Wieviel kostet es, ein Surfbrett zu mieten?

Onte pola tarde tomamos o sol na praia.
gestern für-die Nachmittag (wir-)nahmen der Sonne in-die Strand
Gestern nachmittag haben wir uns am Strand gesonnt.

espido/a	nackt
o bañador	Badehose
o biquini	Bikini
top less	oben ohne
a crema protectora	Sonnencreme
as lentes de sol	Sonnenbrille
a sombrilla	Sonnenschirm
a estera	Strandmatte
o posto de socorro	Rettungswache
o ourizo	Seeigel
a medusa	Feuerqualle

Volksfeste

festa	Fest
verbena	Sommernachtsfest
feira	Eine Mischung aus Markt und Volksfest, die in praktisch allen Gegenden Galiciens zu finden ist; es gibt kleinere **feiras**, die jede Woche stattfinden und eher einem Markt entsprechen, und größere, die vielleicht nur einmal im Jahr stattfinden, oft mit einem bestimmten Thema (z.B. **Feira do Queixo** - Fest des Käses) und eher Volksfest-charakter haben.
romaría	Religiöses Fest zu Ehren eines Heiligen. Morgens ist Gottesdienst und nachmittags wird draußen gefeiert.

Traditionellerweise ißt man auf galicischen Festen Tintenfisch (**pulpo**) mit Brot und Rotwein (Achtung: Brot und Wein kauft man an einem anderen Stand als den **pulpo**).

Unha ración de pulpo para catro.
eine Portion von Tintenfisch für vier
Eine Portion Tintenfisch für vier Personen, bitte.

Pan e dúas botellas de viño tinto.
Brot und zwei Flaschen von Wein rot
Brot und zwei Flaschen Rotwein, bitte.

¿Canto custan as rosquillas?
wieviel kosten die Kringel
Was kosten die süßen Kringel?

Bevor man auf einer **feira** etwas kauft, empfiehlt es sich, nach dem Preis zu fragen. Es ist auch durchaus üblich zu handeln.

¿Quere mel?
(Sie-)will Honig
Möchten Sie Honig?

¿A como é?
zu wie (er-)ist
Was kostet er?

A ... pesetas o bote.
zu ... Peseten der Glas
... Peseten das Glas.

Non sei, é moi caro...
nicht (ich-)weiß, (es-)ist sehr teuer
Ich glaube, das ist mir zu teuer.

os foguetes	Feuerwerk
a orquestra	Orchester
a banda de gaitas	Dudelsackkapelle
a procisión	Prozession
a misa	Messe

Veña, que xa toca a banda de música.
komm, daß schon berührt die Gruppe von Musik
Komm, die Musikkapelle fängt an zu spielen.

¡Que de xente hai aquí!
was von Leute (es-)gibt hier
Sind hier viele Leute!

Übernachten

o camping	Campingplatz
o albergue xuveníl	Jugendherberge
o refuxio	Herberge (auf dem Jakobsweg oder in den Bergen)
o hotel	Hotel
o hostal	Hostal (einfaches Hotel)
a pensión	Pension
a casa	Haus
a casa rural	Haus auf dem Land, wo Zimmer vermietet werden
o apartamento	Appartement
o cuarto/a habitación	Zimmer
media pensión/pensión completa	Halbpension/Vollpension

¿Hai un camping por aquí?
(es-)gibt einen Campingplatz herum hier
Gibt es hier irgendwo einen Campingplatz?

¿Hai praza para unha tenda e máis un coche?
(es-)gibt Platz für eine Zelt und mehr ein Auto
Haben Sie Platz für ein Zelt und ein Auto?

Quero un cuarto con baño para dúas persoas.
(ich-)will ein Zimmer mit Bad für zwei Personen
Ich möchte ein Zimmer mit Bad für zwei Personen.

¿Hai ducha?
(es-)gibt Dusche
Gibt es eine Dusche?

¿Podemos ver o cuarto?
(wir-)können sehen der Zimmer
Können wir das Zimmer sehen?

Vale, quedo/quedamos.

(es-)gilt, (ich-)bleibe/(wir-)bleiben

Gut, ich/wir nehme(n) es.

¿Teñen unha habitación que da ó patio / á praia?

(Sie-)haben eine Zimmer das gibt zu-der Hof / zu-die Strand

Haben Sie ein Zimmer zum Hof/ zum Strand?

¿Pódeme despertar ás nove?

(Sie-)kann-mich wecken zu-die neun

Können Sie mich um neun wecken?

Teño un cuarto reservado a nome de ...

(ich-)habe ein Zimmer reserviert zu Name von ...

Ich habe auf den Namen ... ein Zimmer reserviert.

o pasaporte	Reisepaß
a chave	Schlüssel
o cuarto de baño	Badezimmer
a toalla	Handtuch
a cama	Bett
a manta	Bettdecke
as sabas	Laken

Einkaufen

¿A que hora abre/pecha o supermercado?

zu was Stunde öffnet/schließt der Supermarkt

Um wieviel Uhr macht der Supermarkt auf/zu?

Bos días, ¿teñen xornais alemáns?

gute Tage, (Sie-)haben Zeitungen deutsche

Guten Tag, haben Sie deutsche Zeitungen?

¿Pódeme axudar?, busco un plano de Vigo.
(Sie-)kann-mir helfen, (ich-)suche ein Stadtplan von Vigo
Können Sie mir helfen? Ich suche einen Stadtplan von Vigo.

¿Outra cousa non hai?
andere Sache nicht (es-)gibt
Haben Sie nicht noch etwas anderes?

¿Canto custa ...?
wieviel kostet ...
Was kostet ...?

Non teño solto.
nicht (ich-)habe Wechsel
Ich habe es nicht klein.

¿Podo pagar con cheque?
(ich-)kann bezahlen mit Scheck
Kann ich mit Scheck bezahlen?

¿Acepta tarxeta de crédito?
(Sie-)akzeptiert Karte von Kredit
Nehmen Sie Kreditkarten?

o supermercado	Supermarkt	**a librería**	Buchhandlung
o mercado	Markt	**o kiosko**	Kiosk
a panadería	Bäckerei	**o estanco**	Tabakladen
a pescadería	Fischgeschäft	**aberto**	geöffnet
a carnicería	Metzgerei	**pechado**	geschlossen
a tenda	Geschäft	**as rebaixas**	Schlußverkauf
a zapatería	Schuhgeschäft	**a oferta**	Sonderangebot

Necesito un par de zapatos.
(ich-)brauche ein Paar von Schuhe
Ich brauche ein Paar Schuhe.

¿Pódoos probar?
(ich-)kann-sie probieren
Kann ich sie anprobieren?

É moi caro, ¿non hai outros máis baratos?
(es-)ist sehr teuer, nicht (es-)gibt andere mehr billige
Das ist sehr teuer, haben Sie keine billigeren?

¿Máis/menos talla, non hai?
mehr/weniger Größe, nicht (es-)gibt
Haben Sie die vielleicht eine Nummer größer/kleiner?

¿Tenos tamén en azul?
(Sie-)hat-sie auch in blau
Haben Sie die auch in blau?

Quedo con estes.
(ich-)bleibe mit diese
Die nehme ich.

a roupa	Kleidung	**as medias enteiras**	Strumpfhose
o pantalón	Hose	**as bragas**	Damenslip
a saia	Rock	**os calzóns**	Herrenslip
o vestido	Kleid	**o algodón**	Baumwolle
o xersei	Pullover	**a lá**	Wolle
a camisa	Hemd, Bluse	**os zapatos**	Schuhe
a camiseta	T-Shirt	**as botas**	Stiefel
os calcetíns	Socken	**as sandalias**	Sandalen

o libro	Buch	**o paquete de tabaco**	Schachtel Zigarett.
o xornal	Zeitung	**o tabaco de liar**	(Dreh-)Tabak
a revista	Zeitschrift	**o papel de liar**	Blättchen
o disco	Schallplatte	**o mecheiro**	Feuerzeug
a casete	Kassette	**os mistos**	Streichhölzer
as pilas	Batterien	**o bolígrafo**	Kugelschreiber

os alimentos	Lebensmittel	**o pastel**	Kuchen
o queixo	Käse	**a pasta**	Nudeln
o mel	Honig	**o arroz**	Reis
o leite	Milch	**o embutido**	Aufschnitt
as galletas	Kekse	**as salchichas**	Würstchen
o chocolate	Schokolade	**o xamón**	Schinken
a bola de pan	Laib Brot	**a barra de pan**	Baguette
unha lata de ...		eine Dose ...	
un paquete de ...		eine Packung ...	
un litro de ...		ein Liter ...	
unha botella de ...		eine Flasche ...	

Auf dem Markt

¿A como están os pimentos?
zu wie sind die Paprika
Was kosten die Paprika?

¿Son do país?
(sie-)sind von-der Land
Sind die von hier?

Non os levo que son moi caros.
nicht sie (ich-)mitnehme daß (sie-)sind sehr teuer
Ich nehme sie nicht, sie sind zu teuer.

Póñame un quilo de mazás.
legen(-Sie)-mir ein Kilo von Äpfel
Geben Sie mir bitte ein Kilo Äpfel.

¿Algo máis?
etwas mehr
Noch etwas?

Xa está todo.
schon (es-)ist alles
Das ist alles.

Deixe. Xa teño eu bolsa.
lassen(-Sie). schon habe ich Tasche
Danke, ich habe eine Tasche mit.

a froita	das Obst	**as verduras**	das Gemüse
as laranxas	Orangen	**as patacas**	Kartoffeln
os limóns	Zitronen	**as cebolas**	Zwiebeln
os plátanos	Bananen	**os allos**	Knoblauch
as peras	Birnen	**a leituga**	Salat
os pexegos	Pfirsiche	**os porros**	Lauch
a sandía	Wassermelone	**os tomates**	Tomaten
o melón	Honigmelone	**as cenouras**	Möhren
as uvas	Trauben	**os calabacíns**	Zucchini
as mazás	Äpfel	**os pimentos**	Paprika

Geld/Bank

os cartos / o diñeiro	Geld
os billetes	Geldscheine
as moedas	Münzen
o banco	Bank
a caixa de aforros	Sparkasse
a caixa postal	Postsparkasse
o caixeiro automático	Geldautomat
o cheque (de viaxe)	(Reise-)Scheck
a tarxeta (de crédito)	(Kredit-)Karte
a libreta de aforros	Sparbuch
a conta	Konto
a transferencia	Überweisung
marcos alemáns	Deutsche Mark
francos suízos	Schweizer Franken
xelíns austríacos	Österreichische Schilling
floríns holandeses	Holländische Gulden

¿Pódesme / Pódeme cambiar mil pesetas en moedas?
(du-)kannst-mir / (Sie-)kann-mir wechseln tausend Peseten in Münzen
Kannst du / Können Sie mir 1000 Peseten kleinmachen?

Das 5-Pesetenstück wird häufig **peso** genannt, und mit dieser Einheit wird durchaus auch gerechnet. So kann man z.B. sagen:
vinte pesos statt **100 pesetas**, oder **cinco pesos** statt **25 pesetas**.

Quero cambiar douscentos francos suízos en pesetas.
(ich-)will wechseln zweihundert Franken Schweizer in Peseten
Ich möchte 200 Schweizer Franken in Peseten wechseln.

¿A como está o cambio do marco?
zu wie ist der Wechsel von-der Mark
Wie ist der Wechselkurs der Mark?

¿Podo cambiar aquí cheques de viaxe?
(ich-)kann wechseln hier Schecks von Reise
Kann ich hier Reiseschecks einlösen?

Quero sacar cartos desta libreta.
(ich-)will rausholen Geld von-diese Sparbuch
Ich möchte Geld von diesem Sparbuch abheben.

O caixeiro non me devolve a tarxeta.
der Geldautomat nicht mir zurückgibt die Karte
Der Geldautomat hat meine Karte einbehalten.

Teño unha tarxeta ...
(ich-)habe eine Karte ...
Ich habe eine ...-karte.

Post/Telefon

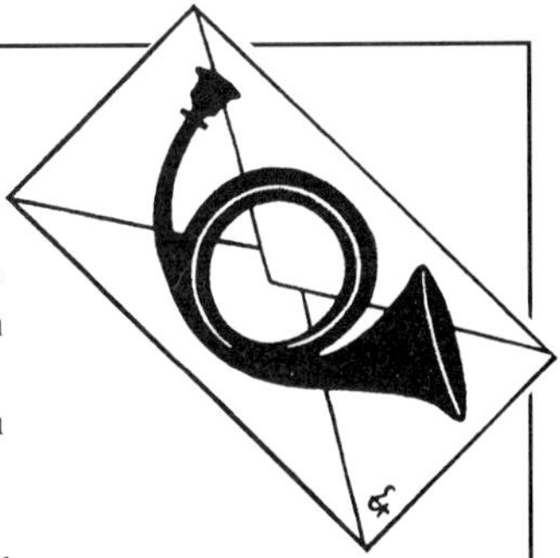

Correos	Post
a carta	Brief
a postal	Postkarte
o sobre	Umschlag
o selo	Briefmarke
o telegrama	Telegramm
o paquete	Paket
a caixa de Correos	Briefkasten
o estranxeiro	Ausland
o enderezo	Adresse
o código postal	Postleitzahl
o/a destinatario/a	Empfänger/-in
o/a remitente	Absender/-in

Quero cinco selos para Suíza.
(ich-)will fünf Briefmarken für Schweiz
Ich möchte fünf Briefmarken für die Schweiz.

Briefmarken kann man nicht nur bei der Post, sondern auch in praktisch allen **estancos**, den Tabakläden, kaufen.

¿Canto custa mandar unha carta urxente a Alemaña?
wieviel (es-)kostet schicken eine Brief dringend zu Deutschland
Was kostet ein Eilbrief nach Deutschland?

Para mandar unha carta certificada, ¿que teño que facer?
für schicken eine Brief eingeschrieben, was (ich-)habe daß machen
Um ein Einschreiben zu schicken, was muß ich da machen?

Quero poñer un telegrama.
(ich-)will legen ein Telegramm
Ich möchte ein Telegramm aufgeben.

¿Canto tarda este paquete a Austria?
wieviel dauert dieser Paket zu Österreich
Wie lange braucht dieses Paket nach Österreich?

¿Chegou unha carta a nome de ... á lista de Correos?
ankam eine Brief zu Name von ... zu-die Liste von Post
Ist auf den Namen ... postlagernd ein Brief angekommen?

¿Onde hai unha cabina de teléfonos por aquí?
wo (es-)gibt eine Kabine von Telefone für hier
Wo gibt es hier eine Telefonzelle?

o teléfono	Telefon	**a guía telefónica**	Telefonbuch
a cabina	Telefonzelle	**o prefixo**	Vorwahl

Außer aus einer Telefonzelle kann man in größeren Städten auch ganz gut von den sogenannten **locutorios** aus telefonieren. Dort gibt es in der Regel eine Reihe von Telefonkabinen nebeneinander, man bekommt eine zugewiesen, kann in Ruhe telefonieren und bezahlt anschließend. So spart man sich (vor allem bei Ferngesprächen) den Streß mit dem Kleingeld. In den **locutorios** gibt es in der Regel auch ein Faxgerät. Sie sollten allerdings darauf achten, von einem **locutorio** der offiziellen Telefongesellschaft **Telefónica** aus zu telefonieren. Es gibt auch private **locutorios**, die natürlich entsprechend teurer sind.

Auch die meisten Bars verfügen über ein öffentliches Telefon - entweder mit Geldeinwurf, oder man meldet das Gespräch an der Theke an.

¿Podo chamar por teléfono?
(ich-)kann rufen durch Telefon
Kann ich mal telefonieren?

Comunica.
(es-)kommuniziert
Es ist besetzt.

Quero facer unha chamada a cobro revertido. O número é ...
(ich-)will machen eine Anruf zu Belastung umgekehrt. der Nummer ist ...
Ich möchte ein R-Gespräch führen. Die Nummer ist ...

Unha tarxeta de teléfono de dúas mil, por favor.
eine Karte von Telefon von zwei tausend, bitte
Eine Telefonkarte für 2000 Peseten, bitte.

¿Podo mandar un fax desde aquí?
(ich-)kann schicken ein Fax seit hier
Kann ich von hier aus ein Fax schicken?

Fotografieren

a tenda de fotos	Fotogeschäft
a cámara	Kamera
o obxetivo	Objektiv
o flash	Blitz
os negativos	Negative
o carrete	Film
... de diapositivas	... für Dias
(con/sin revelado)	(mit/ohne Entwicklung)
... de fotos	... für Papierbilder
(de cor/de branco e negro)	(in Farbe/in Schwarzweiß)
... de ASA douscentos	... mit ISO-Wert 200

¿Hai algún carrete de oferta?
(es-)gibt irgendein Film von Angebot
Haben Sie irgendeinen Film im Angebot?

Este carrete é para revelar. ¿Para cando está?
dieser Film ist für entwickeln. für wann (er-)ist
Diesen Film möchte ich entwickeln lassen. Bis wann ist er fertig?

¿Poden estar as fotos para esta tarde?
können sein die Fotos für diese Nachmittag
Können die Fotos bis heute nachmittag fertig sein?

Quero unha copia desta foto.
(ich-)will eine Kopie von-diese Foto
Ich möchte bitte einen Abzug von diesem Foto.

¿Fan fotos de carné?
(Sie-)machen Fotos von Ausweis
Machen Sie Paßbilder?

¿Pódese sacar fotos aquí?
(es-)kann-sich rausholen Fotos hier
Kann man hier fotografieren?

Perdoa, ¿pódesnos sacar unha foto?
entschuldige, (du-)kannst-uns rausholen eine Foto
Entschuldige, könntest du ein Foto von uns machen?

Polizei

Es gibt drei verschiedene Typen von Polizei: die örtliche (**Policía local**), die staatliche (**Policía nacional**) und die **Guarda-civil**. Wenn Sie ein Problem haben, wenden Sie sich am besten an die **Policía local**. Die **Policía nacional** hat v.a. mit Verbrechensbekämpfung und öffentlicher Sicherheit zu tun, während die **Guarda-civil** sich um den Verkehr kümmert. Allerdings sind sich die einzelnen Institutionen untereinander selbst nicht so recht einig, wer wofür zuständig ist ...

¿Como se chega á comisaría?
wie sich (es-)ankommt zu-die Polizeiwache
Wie komme ich zur Polizeiwache?

¿Pódeme axudar?
(Sie-)kann-mir helfen
Können Sie mir helfen?

Perdín a carteira.
(ich-)verlor die Brieftasche
Ich habe meine Brieftasche verloren.

Entráronme no coche.
(sie-)reinkamen-mir in-der Auto
Mir wurde das Auto aufgebrochen.

Roubáronme a cámara de fotos.
(sie-)stahlen-mir die Kamera von Fotos
Mir wurde der Fotoapparat gestohlen.

Quero facer unha denuncia.
(ich-)will machen eine Anzeige
Ich möchte Anzeige erstatten.

Necesito unha copia da denuncia para a compañía de seguros.
(ich-)brauche eine Kopie von-die Anzeige für die Gesellschaft von Versicherung
Ich brauche eine Kopie der Anzeige für die Versicherung.

Quero chamar á embaixada/ó consulado.
(ich-)will rufen zu-die Botschaft/zu-der Konsulat
Ich möchte die Botschaft/das Konsulat anrufen.

Im Falle einer Vergewaltigung (**violación**) gehen Sie am besten zunächst ins Krankenhaus und erstatten dann (gegebenenfalls) von dort aus Anzeige.

Krank sein

o hospital	Krankenhaus
Urxencias	Notdienst
o/a médico/a	Arzt/Ärztin
o/a dentista	Zahnarzt/-ärztin

Necesito que me atiende un médico.
(ich-)brauche daß mich betreut ein Arzt
Ich möchte einen Arzt konsultieren.

Teño aquí os papeis da Seguridade Social alemana.
(ich-)habe hier die Papiere von-die Sicherheit sozial deutsche
Ich habe hier die Unterlagen der deutschen Krankenkasse.

Non me atopo ben. Estou enfermo/a.
nicht mich (ich-)finde gut. (ich-)bin krank
Mir geht es nicht gut. Ich bin krank.

Tiven un accidente.
(ich-)hatte ein Unfall
Ich hatte einen Unfall.

Atacáronme.
(sie-)überfielen-mich
Ich bin überfallen worden.

¿Hai alguén que fale alemán/inglés/francés?
(es-)gibt jemand der spricht deutsch/englisch/französisch
Spricht hier jemand Deutsch/Englisch/Französisch?

Necesito unha factura para o meu seguro privado.
(ich-)brauche eine Rechnung für der mein Versicherung privat
Ich brauche eine Rechnung für meine Privatversicherung.

Dóeme ...	Mir tut ... weh.	**Manquei ...**	Ich habe mir ... verletzt.
a cabeza	der Kopf	**o brazo**	der Arm
a gorxa	der Hals	**a man**	die Hand
o oído	das Ohr	**a perna**	das Bein
o ollo	das Auge	**o xionllo**	das Knie
o dente	der Zahn	**o pé**	der Fuß
o estómago	der Magen	**o lombo**	der Rücken
o baixo-ventre	der Unterleib		

Creo que rompín unha costela.
(ich-)glaube daß (ich-)brach eine Rippe
Ich glaube, ich habe eine Rippe gebrochen.

Dóeme aquí.
(es-)schmerzt-mich hier
Mir tut es hier weh.

Estou mareado/a.
(ich-)bin schwindelig
Mir ist schwindelig.

Vomitei.
(ich-)erbrach
Ich habe mich übergeben.

Caín.
(ich-)fiel
Ich bin hingefallen.

Traboume un can.
biß-mich ein Hund
Ein Hund hat mich gebissen.

Pisei un ourizo.
(ich-)trat ein Seeigel
Ich bin in einen Seeigel getreten.

Picoume unha vespa/unha abella/un mosquito/unha medusa.
stach-mich eine Wespe/eine Biene/ein Mücke/eine Feuerqualle
Eine Wespe/Biene/Mücke/Feuerqualle hat mich gestochen.

Teño ...	ich habe ...		
febre	Fieber	**insolación**	Sonnenstich
catarro	Erkältung	**queimaduras**	Verbrennungen
tos	Husten	**hemorraxías**	Blutungen
diarrea	Durchfall	**sangue no mexo**	Blut im Urin

Son diabético/a.
(ich-)bin Diabetiker/-in
Ich bin Diabetiker/-in.

Son hemofílico/a.
(ich-)bin Bluter/-in
Ich bin Bluter/-in.

Son alérxico/a a ...
(ich-)bin allergisch zu ...
Ich bin allergisch gegen ...

Estou embarazada.
(ich-)bin schwanger
Ich bin schwanger.

Estou con medicación.
(ich-)bin mit Medikation
Ich nehme zur Zeit Medikamente.

Tome unha pastilla tres veces ó día antes/despois das comidas durante unha semana.
nehmen(-Sie) eine Tablette drei Male zu-der Tag vor/nach von-die Essen während eine Woche
Nehmen Sie während einer Woche dreimal täglich eine Tablette vor/nach den Mahlzeiten.

a farmacia	Apotheke		
a receita	Rezept	**a pomada**	Salbe
o medicamento	Medikament	**os supositorios**	Zäpfchen
as pastillas	Tabletten	**as tiritas**	Pflaster
as gotas	Tropfen	**a venda**	Binde
a inxección	Injektion	**a tintura de iodo**	Jodtinktur

¿Teñen algo para a dor de cabeza?
(Sie-)haben etwas für die Schmerz von Kopf
Haben sie etwas gegen Kopfschmerzen?

Quero unha pomada para as picaduras de insectos.
(ich-)will eine Salbe für die Stiche von Insekten
Ich möchte bitte eine Salbe für Insektenstiche.

a óptica - der Optiker

Rompín as lentes.
(ich-)zerbrach die Linsen
Mir ist die Brille kaputtgegangen.

Perdín unha lente de contacto.
(ich-)verlor eine Linse von Kontakt
Ich habe eine Kontaktlinse verloren.

Por favor, unha botella de líquido para lavar/gardar as lentes de contacto.
bitte, eine Flasche von Flüssigkeit für waschen/aufbewahren die Linsen von Kontakt
Eine Flasche mit Reinigungs-/Aufbewahrungsflüssigkeit für Kontaktlinsen, bitte.

Persönliche Hygiene

a droguería	Drogerie
o xabón	Seife
o champú	Shampoo
o xel de ducha	Duschgel
o cepillo de dentes	Zahnbürste
a pasta de dentes	Zahnpasta
o desodorante	Deo
a crema	Creme
as cuchillas de afeitar	Rasierklingen
a escuma de afeitar	Rasierschaum
as compresas	Binden
os tampóns	Tampons
o peite	Kamm
o papel hixiénico	Toilettenpapier
os pañuelos de papel	Papiertaschentücher
os condóns	Kondome
o deterxente	Waschmittel

Liebe und Sexualität

Namorei de ti.
(ich-)verliebte von dich
Ich habe mich in dich verliebt.

Quérote.
(ich-)liebe-dich
Ich liebe dich.

Gústasme moito.
(du-)gefällst-mir viel
Du gefällst mir sehr.

Es moi simpático/a.
(du-)bist sehr sympathisch
Du bist sehr nett.

Tes os ollos moi lindos.
(du-)hast die Augen sehr schöne
Du hast sehr schöne Augen.

Mira, este/esta rapaz/-a, que guapo/a é.
schau, dieser/diese Junge/Mädchen, was hübsch (er/sie-)ist
Schau mal, dieser Typ/diese Frau, wie gut der/die aussieht.

¿Imos a un lugar máis tranquilo?
(wir-)gehen zu ein Ort mehr ruhig
Gehen wir irgendwohin, wo es ruhiger ist?

¿Saímos dar unha volta?
(wir-)ausgehen geben eine Runde
Gehen wir eine Runde spazieren?

¿Queres vir a casa esta noite?
(du-)willst kommen zu Haus diese Nacht
Willst du heute nacht mit mir nach Hause kommen?

Non quero dormir contigo.
nicht (ich-)will schlafen mit-dir
Ich will nicht mit dir schlafen.

Xa teño mozo/a.
schon (ich-)habe Typ/Frau
Ich habe schon einen/eine Freund/-in.

o amor	Liebe	**a vaxina**	Vagina
o sexo	Sex	**o cú**	Po
ligar	flirten	**os anticonceptivos**	Verhütungsmitt.
lesbiana	lesbisch	**a píldora**	Pille
bisexual	bi	**o condón**	Kondom
heterosexual	hetero	**o bico**	Kuß
gai	schwul	**o aloumiño**	Zärtlichkeit
o corpo	Körper	**a aperta**	Umarmung
o peito	Brust	**acariñar**	streicheln
o pene	Penis	**a SIDA**	AIDS

Gefühls- und Meinungsäußerungen

Estou ...	Ich bin ...		
triste	traurig	**aburrido/a**	gelangweilt
decepcionado/a	enttäuscht	**canso/a**	müde
enfadado/a	verärgert	**preocupado/a**	besorgt
deprimido/a	deprimiert	**contento/a**	zufrieden
feito/a unha merda	fertig		

Estou ben/mal
(ich-)bin gut/schlecht
Mir geht es gut/schlecht.

Ando amolado/a.
(ich-)gehe verärgert
Ich bin sauer.

¡Pásoo moi ben!
(ich-)verbringe-es sehr gut
Ich amüsiere mich prächtig!

¡Estupendo!
prima
Prima!

¡Que ben!
was gut
Super!

¡Canto me alegro!
wieviel mich (ich-)freue
Ich freue mich sehr!

¡Sorte!
Glück
Viel Glück!

¡Oxalá!
hoffentlich
Hoffentlich!

Non me gusta nada o que dixeches.
nicht mir gefällt nichts der was (du-)sagtest
Was du da gesagt hast, gefällt mir überhaupt nicht.

¡Que sorpresa!
was Überraschung
Was für eine Überraschung!

Pois non o sabía.
denn nicht der (ich-)wußte
Das habe ich nicht gewußt.

¡Que mágoa!
was Kummer
Wie schade!

Logo, ¿que pasou?
dann, was passierte
Was ist denn passiert?

Teño medo.
(ich-)habe Angst
Ich habe Angst.

¡Que noxo!
was Ekel
Iih!

Penso que ...
(ich-)denke daß
Ich denke, daß ...

Coido que ...
(ich-)erachte daß
Ich bin der Meinung, daß ...

É verdade.
(es-)ist Wahrheit
Das stimmt.

Levas razón.
(du-)mitnimmst Recht
Du hast recht.

¡De ningunha maneira!
von keine Weise
Auf keinen Fall!

[Non] estou de acordo.
[nicht] (ich-)bin von Übereinstimmung
Ich bin [nicht] einverstanden.

¡Que dis, ho!
was (du-)sagst, ho
So ein Quatsch!

Non me gusta nada o marisco.
nicht mir gefällt nichts der Meeresfrucht
Meeresfrüchte mag ich überhaupt nicht.

Gústame moito nadar.
(es-)gefällt-mir viel schwimmen
Ich schwimme sehr gerne.

Teño ganas de tomar unha cervexa.
(ich-)habe Lüste von nehmen eine Bier
Ich habe Lust, ein Bier zu trinken.

É ...	der/die/das ist ...		
lindo/a	schön	**incrible**	unglaublich
agradable	angenehm	**pesado/a**	nervig
divertido/a	lustig	**horroroso/a**	furchtbar
fantástico/a	phantastisch	**insoportable**	unerträglich

Schimpfen, fluchen, sich wehren

¡Ti es o demo!
du bist der Teufel
Du bist ja wohl verrückt!

Ti o que es é un cabrón.
du der was bist ist ein Ziegenbock
Du bist echt ein Arschloch.

¡Vai rañar (o carallo/a cona)!
geh kratzen (der Schwanz/die Möse)
Leck mich am Arsch!

¡Deixame en paz!
laß-mich in Frieden
Laß mich in Ruhe!

¡Non me toques!
nicht mich berühr
Faß mich nicht an!

Ese tipo amólame.
dieser Typ belästigt-mich
Dieser Typ hier belästigt mich.

¡Que porco/a es!
was Schwein/Sau (du-)bist
Was bist du für ein Schwein!

¡Cago en ti!
(ich-)scheiße in dich
Ich scheiß auf dich!

¡Vai a merda!
geh zu Scheiße
Geh zur Hölle!

¡Lisca!
abhau
Verpiß dich!

Non sexas pesado/a.
nicht sei schwer
Nerv nicht!

¡Socorro!
Hilfe
Hilfe!

Zum Teil hören sich die galicischen Kraftausdrücke für deutsche Ohren ordinärer an, als sie sind. So ist z.B. das spanische **joder** (sprich: choder; ficken) auch in Galicien sehr beliebt und taucht teilweise in jedem dritten Satz auf. Die Bedeutung reicht vom Ausdruck der Bewunderung über Erstaunen bis zur Verärgerung, ist aber durchaus harmlos (abhängig natürlich vom Kontext, in dem der Ausdruck benutzt wird). Ähnlich auch: **¡Carallo!** (Schwanz) und **¡Hostia!** (Hostie).

Nichts verstanden? - Weiterlernen!

Non falo moito galego.
nicht (ich-)spreche viel galicisch
Ich spreche nicht besonders gut Galicisch.

Non sei falar castelán.
nicht (ich-)weiß sprechen kastilisch
Ich kann kein Spanisch.

Por favor, fale máis a modo.
bitte, sprechen(-Sie) mehr zu Art
Bitte sprechen Sie langsamer.

¿Podes repetir?
(du-)kannst wiederholen
Nochmal, bitte.

Non entendín.
nicht (ich-)verstand
Ich habe nicht verstanden.

¿Como?
wie
Wie bitte?

¿Falas alemán/inglés/francés?
(du-)sprichst deutsch/englisch/französisch
Sprichst du Deutsch/Englisch/Französisch?

¿Que significa ...?
was bedeutet ...
Was bedeutet ...?

¿Como se di ... en galego?
wie sich (es-)sagt ... in galicisch
Wie sagt man ... auf galicisch?

¿Como se pronuncia isto?
wie sich ausspricht dies
Wie spricht man das aus?

¿Pódeo escreber?
(Sie-)kann-es schreiben
Können Sie das bitte aufschreiben?

Ortsnamen

Die offiziellen Bezeichnungen der Ortschaften sind heute deren galicische Namen. Trotzdem findet man auf Straßenschildern (meistens übermalt), Landkarten und auch sonst häufig immer noch die spanische Variante. Daher hier eine Liste mit einigen der wichtigsten Formen:

Spanisch	*Galicisch*
La Coruña	**A Coruña**
Arteijo	**Arteixo**
Bayona	**Baiona**
Finisterre	**Fisterra**
Melliz	**Melide**
Carballino	**O Carballiño**
Orense	**Ourense**
Piedrafita del Cebrero	**Pedrafita do Cebreiro**
Puenteareas	**Ponteareas**
Tuy	**Tui**
Villagarcía de Arosa	**Vilagarcía de Arousa**
Ginzo de Limia	**Xinzo de Limia**

Unterschiedliche Normen des Galicischen

Die Herausbildung einer einheitlichen galicischen Standardsprache (v.a. bezogen auf die Rechtschreibung) ist ein Prozeß, der erst vor kurzem eingesetzt hat und noch nicht endgültig abgeschlossen ist.

Die erste schriftlich fixierte, offizielle Norm ist von 1980, daneben gibt es aber eine Reihe anderer Vorstellungen darüber, welches das 'beste' Galicisch ist. Die drei wichtigsten Varianten sind die folgenden:

Die offizielle Norm (**galego normativo**) richtet sich bisher in Rechtschreibung und Akzentuierung nach dem Spanischen. Die Befürworter dieser Norm versuchen sich auch im Bereich der Wortbildung v.a. am Spanischen zu orientieren.

Die Schreibweise des **galego reintegrado** richtet sich dagegen nach der aktuellen portugiesischen Rechtschreibung. Das Vokabular versucht man von seinen Wurzeln in der galicisch-portugiesischen Sprachfamilie herzuleiten.

Das **galego de mínimos** strebt einen Kompromiß zwischen beiden Alternativen an. Es benutzt die spanische Schreibweise, orientiert sich aber in Akzentuierung und Wortbildung am **galego-portugués**.

Wir haben uns grundsätzlich nach dem normativen Galicisch gerichtet, da das der offiziell anerkannte Standard ist. Trotzdem erwähnen wir die anderen Varianten, damit Sie sich nicht wundern, wenn Sie z.B. auf einem Plakat ein Wort anders geschrieben sehen, als Sie es gelernt haben. Größere Probleme stellen die Unterschiede jedoch nicht dar.

Normativo	*Mínimos*	*Reintegrado*	*Deutsch*
Alemaña	**Alemaña**	**Alemanha**	Deutschland
muller	**muller**	**mulher**	Frau
Galicia	**Galiza**	**Galiza**	Galicien
servicio	**servizo**	**serviço**	Bedienung, Toilette
canción	**canzón**	**cançom**	Lied
amable	**amábel**	**amável**	freundlich
xerencia	**xeréncia**	**gerência**	Geschäftsführung

Literaturtips zum Weiterlernen

Material auf Deutsch zum Galicischlernen gibt es bisher nicht.

● Wer sich ein bißchen ins Galicische eingehört hat, kann seine Grammatikkenntnisse mit folgendem Buch vertiefen: Ana Bermúdez/ Antonia Colmenero, Prácticas de lingua, Vilaboa: Edicións do Cumio, 4. Aufl. 1994. Es enthält Übungen zu verschiedenen Bereichen der Grammatik und im Anhang eine Kurzgrammatik (auf galicisch). Der Nachteil ist, daß die Lösungen zu den Übungen fehlen.

● Zweisprachige Wörterbücher gibt es bisher nur Galicisch-Spanisch und umgekehrt. Die guten sind allerdings sehr umfangreich, z.B.: Diccionario Normativo Galego-Castelán, Vigo: Galaxia, 2. Aufl. 1992, und: Diccionario Xerais Castelán-Galego de Usos, Frases e Sinónimos, Vigo: Edicións Xerais de Galicia 1990.

● Vocabulario Temático Ilustrado galego-français-español-english, Vigo: Galaxia (o.J.). In diesem viersprachigen Wörterbuch sind -nach Themen geordnet- umfangreiche Wörterlisten aufgeführt, z.T. mit Illustrationen. Interessant für diejenigen, die Englisch oder Französisch können.

● Ein guter Einstieg, um auf galicisch was zu lesen, sind Kinderbücher oder Comics. In der Regel ist die Sprache relativ einfach, und unter den Comics finden Sie sicher ein paar, die Sie schon auf deutsch kennen (Asterix, Tim und Struppi ...).

Wörterlisten

Die folgenden Wörterlisten enthalten jeweils gut 1000 Begriffe, die einen Grundwortschatz des Galicischen darstellen. Wörter aus den Themenbereichen Essen und Trinken, Kleidung, Körperteile, Autoteile, Farben und Zahlen sind nicht aufgenommen, da sie problemlos den Listen des Konversationsteils entnommen werden können.

Hinter den galicischen Hauptwörtern steht entweder m für männlich oder w für weiblich, um das Geschlecht zu kennzeichnen, und in einigen Fällen Ez. oder Mz., wenn das Wort im Galicischen nur in der Einzahl oder Mehrzahl benutzt wird. Die Wörter, die sowohl eine männliche als auch eine weibliche Endung haben können (z.B. Eigenschaftswörter, Berufsbezeichnungen), sind in ihrer männlichen Form aufgeführt, hinter dem Schrägstrich folgt die weibliche Endung.

z.B.:	Arbeiter/-in	**traballador/-a**
	alt	**vello/a**

Der Bindestrich bedeutet, daß die weibliche Endung an die männliche Form angehängt wird (**traballadora**), ansonsten ersetzt sie die männliche Endung (**vella**). In Zweifelsfällen sind beide Formen ausgeschrieben. Taucht nur eine Form auf, heißt das, daß die männliche und die weibliche Variante identisch sind und nur der Artikel unterschiedlich ist:

Dolmetscher/-in **intérprete**

Denken Sie auch daran, daß bei den rückbezüglichen Tätigkeitswörtern im Galicischen ein **-se** an die übliche Form angehängt ist:

sich ausziehen **espirse**

Ein Verb, das im Galicischen rückbezüglich ist, muß dies nicht auch im Deutschen sein.

Deutsch - Galicisch

A

Abend - **serán** m
Abendessen - **cea** w
aber - **pero**
abfahren/abfliegen - **saír**
abreisen - **marchar**
abschleppen - **remolcar**
absichtlich - **adrede**
Adresse - **enderezo** m
Alkohol - **alcool** m
allein - **so/soa**
alles - **todo**
als (zeitl.) - **cando**
als (Vergleich) - **ca**
also - **daquela**
alt - **vello/a**
Alter/Alte - **vello/a**
Alter (Lebens-) - **idade** w
Andenken - **recordo** m
anfangen - **comezar**
Angestellte/r - **empregado/a**
Angst - **medo** m
anhalten - **parar**
ankommen - **chegar**
Ankunft - **chegada** w
anrufen - **chamar por teléfono**
anschalten - **acender**
Antwort - **resposta** w
antworten - **responder**
Anwalt/Anwältin - **avogado/a**
Anzeige - **anuncio** m, **denuncia** w
anzünden - **prender**
Apotheke - **farmacia** w
Arbeit - **traballo** m
arbeiten - **traballar**
Arbeiter/-in - **traballador/-a**
arm - **pobre**
Arzt/Ärztin - **médico/a**
atmen - **respirar**
auch - **tamén**
auch nicht - **tampouco**
auf - **en**
auf Wiedersehen - **ata logo**
Aufenthalt - **estancia** w
aufhören - **acabar**
aufhören zu - **deixar de**
aufstehen - **erguerse**
aufwachen - **espertar**
aus - **de**
Ausfuhr - **exportación** w
ausfüllen (Formular) - **cubrir**
Ausgang - **saída** w
ausgeben (Geld) - **gastar**
ausgezeichnet - **estupendo/a**
Auskunft - **información** w
Ausland - **estranxeiro** m
Ausländer/-in - **estranxeiro/a**
ausländisch - **estranxeiro/a**
Ausreise - **saída** w
ausschalten - **apagar**
Aussprache - **pronuncia** w
aussteigen - **baixar**
Ausstellung - **exposición** w
Ausweis - **carné de identidade** m

ausziehen, sich - **espirse**
Auto - **coche** m
Autowerkstatt - **taller** m

B
Bad - **baño** m
Badeanzug - **traxe de baño** m
Badehose - **bañador** m
baden - **bañarse**
Bahnhof - **estación de tren** w
Bahnsteig - **andén** m
bald - **axiña**
Ball - **pelota** w
Bank - **banco** m
bar - **en efectivo**
Baskenmütze - **boina** w
Batterie - **pila** w
bauen - **construir**
Bauer/Bäuerin - **labrego/a**
Baum - **árbore** w
beeilen, sich - **bulir**
beenden - **rematar**
begleiten - **acompañar**
beglückwünschen - **felicitar**
begrüßen - **saudar**
behandeln - **tratar**
Beispiel - **exemplo** m
beißen - **morder**
bekommen - **receber**
beleidigen - **ofender**
benachrichtigen - **avisar**
Benzin - **gasolina** w
Berg - **monte** m
Beruf - **profisión** w
berühmt - **famoso/a**
berühren - **tocar**
beschweren, sich - **queixarse**
besichtigen - **visitar**
Besitzer/-in - **dono/a**
besser - **mellor**
bestellen - **pedir**
Bestellung - **pedido** m
bestrafen - **castigar**
Besuch - **visita** w
besuchen - **visitar**
betrügen - **enganar**
betrunken - **bébedo/a**
Bett - **cama** w
Bettzeug - **roupa da cama** w
bevor - **antes de**
bewegen - **mover**
Beweis - **proba** w
bezahlen - **pagar**
Beziehung - **relación** w
Bier - **cervexa** w
Bild - **cuadro** m
billig - **barato/a**
Binde - **compresa** w
bis - **ata**
bißchen, ein - **chisco, un**
bitte - **por favor**
bitten - **pedir**
Blatt - **folla** w
bleiben - **quedar**
Bleistift - **lapis** m
blond - **loiro/a**
Blume - **flor** w
Blut - **sangue** m

Boden - **chan** m
Boot - **barco** m
Botschaft (dipl.) - **embaixada** w
Brand - **incendio** m
Brauch - **costume** m
brauchen - **necesitar**
breit - **ancho/a**
brennen - **arder**
Brief - **carta** w
Briefmarke - **selo** m
Brieftasche - **carteira** w
Briefumschlag - **sobre** m
Brille - **lentes** w, Mz.
bringen - **traer**
Brot - **pan** m
Brücke - **ponte** w
Bruder - **irmán** m
Brust - **peito** m
Buch - **libro** m
buchen - **reservar**
Buchstabe - **letra** w
bügeln - **planchar**
bunt - **colorido/a**
Burg - **castelo** m
Bürger/-in (Staats-) - **cidadán/cidadá**
Büro - **oficina** w
Bürste - **cepillo** m
Bus - **autobús** m

C
Campingplatz - **camping** m
Chauffeur/-in - **conductor/-a**
Chef/-in - **xefe/a**

D
da - **aí**
Dach - **tellado** m
damals - **daquela**
damit - **para que**
danach - **despois**
danke - **gracias**
danken - **agradecer**
dann - **logo**
darum - **por iso**
daß - **que**
Datum - **data** w
dauern - **durar**
Decke (Bett) - **manta** w
dein/deine - **o teu/a túa**
denken - **pensar**
Denkmal - **monumento** m
deutsch - **alemán/-a**
Deutscher/Deutsche - **alemán/-a**
Deutschland - **Alemaña**
Dialekt - **dialecto** m
dick - **groso/a**
Diebstahl - **roubo** m
dies - **isto**
dieser/diese - **este/esta**
Ding - **cousa** w
Diskothek - **discoteca** w
Dokument - **documento** m
Dolmetscher/-in - **intérprete**
Dorf - **aldea** w
dort(hin) - **alá**
draußen - **fora**
drinnen - **dentro**
dringend - **urxente**

drücken - **empuxar**
du - **ti**
dumm - **parvo/a**
dunkel - **escuro/a**
dunkelhaarig, -häutig - **moreno/a**
dünn - **delgado/a**
durch (hindurch) - **por**
Durchfall - **diarrea** w
dürfen - **poder**
Durst - **sede** w

E
echt - **auténtico/a**
egal - **igual**
Ehefrau - **muller** w
Ehemann - **home** m
Ehepaar - **matrimonio** m
Ei - **ovo** m
Eigentum - **propiedade** w
Eile - **presa** w
einfach - **simple, doado/a**
Einfuhr - **importación** w
Eingang - **entrada** w
einige - **uns/unhas**
einladen - **convidar**
Einladung - **invitación** w
einmal - **una vez**
einschalten - **acender**
einsteigen - **subir**
eintreten - **entrar**
Eintrittskarte - **entrada** w
einverstanden - **de acordo**
Einwohner/-in - **habitante**
Eis - **xelo** m
Eis (Speise-) - **xelado** m
Eisenbahn - **ferrocarril** m
Eiter - **pus** m
Eltern - **pais** m, Mz.
Emigration - **emigración** w
empfangen - **receber**
empfehlen - **recomendar**
Ende - **fin** m
endlich - **por fin**
eng - **estreito/a**
englisch - **inglés**
entscheiden - **decidir**
entschuldigen, sich - **desculparse**
er - **el**
Erde - **terra** w
Ereignis - **acontecimento** m
Erfolg - **éxito** m
erhalten - **receber**
erholen, sich - **descansar**
erinnern, sich - **lembrarse**
erkältet sein - **estar resfriado/a**
erklären - **explicar**
erlauben - **permitir**
Erlaubnis - **permiso** m
Ermäßigung - **desconto** m
Ersatzteil - **peza de recambio** w
erzählen - **contar**
Erzählung - **conto** m
essen - **comer**
Etage - **andar** m
etwa - **máis ou menos**
etwas - **algo**
euer/eure - **o voso/a vosa**

F

Fabrik - **fábrica** w
Faden - **fío** m
Fähre - **transbordador** m
fahren - **conducir, ir**
Fahrkarte - **billete** m
Fahrplan - **horario** m
Fahrpreis - **tarifa** w
Fahrrad - **bicicleta** w
fallen - **caer**
falsch - **falso/a**
Familie - **familia** w
Familienname - **apelido** m
Farbe - **cor** w
Farbfilm - **carrete de cor** m
fast - **case**
faul (träge) - **lacazán/lacazá**
faul (Obst) - **podre**
fehlen - **faltar**
Fehler - **erro** m, **falta** w
Feier - **celebración** w
feiern - **celebrar**
feilschen - **regatear**
Feld - **campo** m
Fenster - **xanela** w
Ferien - **vacacións** w, Mz.
Fernsehen - **televisión** w
Fernsehgerät - **televisor** m
fertig - **listo/a**
fest - **fixo/a**
Fest - **festa** w
Fett - **graxa** w
feucht - **húmido/a**
Feuer - **lume** m
Fieber - **febre** w
Film - **película** w, **carrete** m
finden - **atopar**
Finger - **dedo** m
Fisch - **peixe** m
fischen - **pescar**
flach - **chao/cha**
Flasche - **botella** w
Fleisch - **carne** w
fliegen - **voar**
flirten - **ligar**
Flug - **voo** m
Flughafen - **aeroporto** m
Flugticket - **billete de avión** m
Flugzeug - **avión** m
Fluß - **río** m
Flüssigkeit - **líquido** m
Formular - **impreso** m
Fotoapparat - **cámara de fotos** w
Fotografie - **fotografía** w
fotografieren - **fotografar**
Frage - **pregunta** w
fragen - **preguntar**
Frau - **muller** w
frei - **libre**
fremd - **estraño/a**
freuen, sich - **alegrarse**
Freund/-in - **amigo/a**
freundlich - **amable**
Freundschaft - **amizade** w
Frieden - **paz** w
frieren - **ter frío**
frisch (Obst) - **fresco/a**
Friseursalon - **perruquería** w

fröhlich - **ledo/a**
Frucht - **froito** m
früh - **cedo**
Frühling - **primavera** w
Frühstück - **almorzo** m
frühstücken - **almorzar**
fühlen, sich - **sentirse**
für - **para, por**
fürchten, sich (vor) - **ter medo (a)**

G
Gabel - **garfo** m
Galicien - **Galicia**
Galicier/-in - **galego/a**
galicisch - **galego/a**
ganz - **enteiro/a, todo/a**
Garten - **xardín** m, **horta** w
Gas - **gas** m
Gasse - **ruela** w
Gast - **hóspede**
Gastfreundschaft - **hospitalidade** w
Gastgeber/-in - **anfitrión/-a**
Gebäck - **pasteis** m, Mz.
Gebäude - **edificio** m
geben - **dar**
Gebirge - **montaña** w
Gebühr - **taxa** w
Geburtstag - **cumpreanos** m
gefährlich - **perigoso/a**
gefallen - **gustar**
Gefängnis - **cárcere** m
Gefäß - **vasilla** w
Gefühl - **sentimento** m
gegen - **contra**
Gegend - **zona** w
gegenüber - **en frente de**
gehen - **ir, marchar**
Geld - **cartos** m, Mz., **diñeiro** m
Geldstrafe - **multa** w
Gemüse - **verdura** w
gemütlich - **acolledor/-a**
genau - **exacto/a**
genug - **suficiente**
Gepäck - **equipaxe** w
geradeaus - **todo recto**
Geruch - **olor** m
Geschäft (Laden) - **tenda** w
Geschenk - **agasallo** m
Geschichte - **historia** w
Geschmach - **sabor, gusto** m
Geschwister - **irmáns** m, Mz.
Gesellschaft - **sociedade, compaña** w
Gesetz - **lei** w
Gespräch - **conversa** w
gestern - **onte**
gesund - **san/sá**
Gesundheit - **saúde** w
Getränk - **bebida** w
Gewicht - **peso** m
gewinnen - **gañar**
Gewitter - **trevoada** w
gewöhnen, sich (an) - **afacerse (a)**
Gewürz - **especia** w
Gift - **veneno** m
Gipfel - **cumio** m
Glas (Trink-) - **vaso** m
Glas (Material) - **vidro** m
glauben - **crer**

gleich - **igual**
Glück - **felicidade, sorte** w
glücklich - **feliz**
Gold - **ouro** m
Gott/Göttin - **deus/-a**
Gramm - **gramo** m
Grammatik - **gramática** w
Gras - **erva** w
gratulieren - **felicitar**
Grenze - **fronteira** w
Grippe - **gripe** w
groß - **grande, alto/a**
Größe - **tamaño** m, **talla** w (Kleid.)
Großmutter - **avóa** w
Großvater - **avó** m
Gruppe - **grupo** m
grüßen - **saudar**
gültig - **válido/a**
Gummi - **goma** w
gut - **bo/boa** (Adj.), **ben** (Adv.)

H

haben - **ter**
Hafen - **porto** m
Hahn - **galo** m
Hälfte - **metade** w
hallo - **olá**
halten - **soster, deter**
Haltestelle - **parada** w
Handel - **negocio** m
hart - **duro/a**
Haus - **casa** w
Hausfrau - **ama de casa** w
heben - **levantar**
Heft - **caderno** m
heiß - **quente**
Heizung - **calefacción** w
helfen - **axudar**
hell - **claro/a**
herausholen - **sacar**
Herbst - **outono** m
Herr - **señor** m
herzlich - **cordial**
heute - **hoxe**
hier - **aquí**
Hilfe - **axuda** w
Himmel - **ceo** m
Hinfahrt - **ida** w
hinten - **atrás**
hinter - **tras de**
hinzufügen - **engadir**
Hitze - **calor** w
hoch - **alto/a**
Hochzeit - **voda** w
hoffen - **esperar**
höflich - **educado/a**
Holz - **madeira** w
hören - **oir**
Hotel - **hotel** m
Huhn - **galiña** w
Hund - **can** m
Hunger - **fame** w
Hygiene - **hixiene** w

I

ich - **eu**
ihr - **vós**
ihr/ihre - **o seu/a súa**

Ihr/Ihre - **o seu/a súa**
immer - **sempre**
impfen - **vacinar**
in - **en, dentro de**
inbegriffen - **incluido/a**
Industrie - **industria** w
Information - **información** w
informieren, sich - **informarse**
Insekt - **insecto** m
Insel - **illa** w
interessant - **interesante**
interessieren, s. für - **interesarse por**
international - **internacional**
irgendein/e - **algún/algunha**
irren, sich - **equivocarse**

J
ja - **si**
Jahr - **ano** m
Jahreszeit - **estación** w
jährlich - **anual**
jeder/jede - **cada (un/unha)**
jedesmal - **cada vez**
jemand - **alguén**
jener/jene - **aquel/-a**
jetzt - **agora**
Journalist/-in - **xornalista**
jung - **novo/a**
Junge - **rapaz** m

K
kalt - **frío/a**
Kamm - **peite** m
kaputt - **roto/a**
Karte - **tarxeta** w
Kasse - **caixa** w
kassieren - **cobrar**
Katze - **gata** w
kaufen - **mercar**
Kellner/-in - **camareiro/a**
kennen (-lernen) - **coñecer**
Kind - **neno/a**
Kino - **cinema** m
Kirche - **igrexa** w
Kleidung - **roupa** w
klein - **pequeno/a**
klug - **listo/a**
Kneipe - **bar** m
kochen - **cociñar, cocer**
Koffer - **maleta** w
kommen - **vir**
kompliziert - **complicado/a**
Kondom - **condón** m
können - **poder**
Konsulat - **consulado** m
kontrollieren - **controlar**
Konzert - **concerto** m
Korb - **cesta** w
Körper - **corpo** m
kosten (probieren) - **catar**
kosten (Preis) - **custar**
kostenlos - **gratis**
Kraft - **forza** w
krank - **enfermo/a**
Krankenhaus - **hospital** m
Krankheit - **enfermidade** w
Kreuz - **cruz** w
Krieg - **guerra** w

Krümel - **faragulla** w
Küche - **cociña** w
Kugelschreiber - **boligrafo** m
Kuh - **vaca** w
kühl - **fresco/a**
Kühlschrank - **nevera** w
Kunst - **arte** w
Kunstgewerbe - **artesanía** w
kurz - **curto/a**
Kuß - **bico** m
küssen - **bicar**

L

lächeln - **sorrir**
lachen - **rir**
Lage - **situación** w
Laken - **saba** w
Lampe - **lámpada** w
Land - **país** m
Landkarte - **mapa** m
Landschaft - **paisaxe** w
Landstraße - **estrada** w
Landwirtschaft - **agricultura** w
lang - **longo/a**
langsam (Adj.) - **lento/a**
langsam (Adv.) - **a modo**
langweilig - **aburrido/a**
Lärm - **ruido** m
lassen - **deixar**
laufen, rennen - **correr**
laut - **forte**
leben - **viver**
Leben - **vida** w
Lebensmittel - **alimentos** m, Mz.
ledig - **solteiro/a**
leer - **valeiro/a**
legen - **poñer**
lehren - **ensinar**
Lehrer/-in - **profesor/-a**
leicht (nicht schwer) - **lixeiro/a**
leider - **desafortunadamente**
lernen - **aprender**
lesen - **ler**
letzter/letzte - **último/a**
Leute - **xente** w, Ez.
Licht - **luz** w
lieben - **amar, querer**
Lied - **canción** w
liegen - **estar deitado/a**
links - **á esquerda**
Liter - **litro** m
Loch - **burato** m
Löffel - **culler** w
Lohn, Gehalt - **soldo** m
Luft - **aire** m
Lust - **ganas** w, Mz.
lügen - **mentir**
lustig - **divertido/a**

M

machen - **facer**
Macho - **machista** m
Macht - **poder** m
Mädchen - **rapaza** w
mal sehen - **a ver**
malen - **pintar**
manchmal - **ás veces**
Mann - **home** m

männlich - **masculino/a**
Markt - **mercado** m
Maschine - **máquina** w
Medikament - **medicamento** m
Meer - **mar** m
mehr - **máis**
mein/meine - **o meu/a miña**
Menge, Quantität - **cantidade** w
Mensch - **persoa** w
merken, sich - **recordar**
Messe (kath.) - **misa** w
Messer - **coitelo** m
mieten - **alugar**
Minute - **minuto** m
mit - **con**
mitnehmen - **levar**
Mittagessen - **xantar** m
Mittag - **mediodía** m
Möbel - **moble** m
Mode - **moda** w
möglich - **posible**
Monat - **mes** m
Mond - **lúa** w
morgen - **mañá**
Morgen - **mañá** w
Motor - **motor** m
Motorboot - **motora** w
Motorrad - **moto** w
müde - **canso/a**
Mühle - **muiño** m
Müll - **lixo** m
Museum - **museo** m
Musik - **música** w
müssen - **ter que**
Mutter - **nai** w
Mütze - **gorro** m

N

nach (Richtung) - **a**
nach (Zeit) - **despois de**
Nachbar/-in - **veciño/a**
Nachmittag - **tarde** w
Nachricht - **nova** w, **recado** m
nächstes Mal - **a vindeira vez**
Nacht - **noite** w
nackt - **espido/a**
Nadel - **agulla** w
nah - **preto**
nähen - **coser**
Name - **nome** m
naß - **mollado/a**
Nationalität - **nacionalidade** w
Natur - **natureza** w
natürlich (nicht künstl.) - **natural**
neben - **a carón de**
nehmen - **tomar**
nein - **non**
nett - **simpático/a**
neu - **novo/a**
neugierig - **curioso/a**
nicht - **non**
nicht ein mal - **nen seguer**
nicht mehr - **xa non**
nichts - **nada**
niedrig - **baixo/a**
niemals - **nunca**
niemand - **ninguén**
nirgendwo/-hin - **ningures**

noch einmal - **outra vez**
noch - **aínda**
Norden - **Norte** m
normal - **normal**
notieren - **anotar**
notwendig - **preciso/a**
Nummer - **número** m
nur - **só**

O
ob - **se**
oben - **arriba**
Obst - **froita** w
oder - **ou**
öffnen - **abrir**
oft - **decote**
ohne - **sen**
Öl - **aceite** m
Organ - **órgano** m
organisieren - **organizar**
Ort - **lugar** m
Osten - **Leste** m
Österreich - **Austria**
Österreicher/-in - **austríaco/a**

P
paar (ein) - **algúns/algunhas**
Paar - **parella** w, **par** m
Paket - **paquete** m
Panne - **avaría** w
Papier - **papel** m
Park - **parque** m
parken - **aparcar**
Parkplatz - **aparcamento** m
Partner/-in - **parella** w
Paß - **pasaporte** m
Patient/-in - **paciente**
Pause - **pausa** w
Person - **persoa** w
Pferd - **cabalo** m
Pflanze - **planta** w
Pflaster - **tirita** w
Platz - **praza** w
Platzkarte - **reserva** w
plötzlich - **de súpeto**
Politik - **política** w
Polizei - **policía** w
Post - **correo** m
Postamt - **Correos**
Postkarte - **postal** w
Preis - **prezo** m
Priester - **cura** m
privat - **privado/a**
probieren - **probar**
Problem - **problema** m
Programm - **programa** m
Prospekt - **folleto** m
Prüfung - **exame** m
pünktlich - **puntual**

Q
Qualität - **calidade** w
Quelle - **fonte** w

R
Rad - **roda** w
Radiogerät - **radio** w
rasieren, sich - **afeitarse**

Rat - **consello** m
Rauch - **fume** m
rauchen - **fumar**
Raum - **sala** w
rechnen - **calcular**
Rechnung - **conta** w
Recht - **dereito** m
recht haben - **levar razón**
rechts - **á dereita**
rechtzeitig - **a tempo**
reden - **falar**
Regen - **chuvia** w
Regenschirm - **paraugas** m
Regierung - **goberno** m
registrieren - **rexistrar**
regnen - **chover**
reich - **rico/a**
reif - **maduro/a**
Reifen - **pneumático** m
Reise - **viaxe** w
Reisebüro - **axencia de viaxes** w
Reiseführer - **guía** w
Reiseleiter/-in - **guía**
reisen - **viaxar**
reparieren - **reparar**
reservieren - **reservar**
Restaurant - **restaurante** m
Rettungswagen - **ambulancia** w
richtig - **certo/a**
Richtung - **dirección** w
roh - **crú/crua**
rothaarig - **peliroxo/a**
Rückfahrt - **volta** w
Rucksack - **mochila** w
rufen, schreien - **berrar**
Ruhe - **silenzo** m
ruhig - **tranquilo/a**
rund - **redondo/a**
runtergehen - **baixar**

S

Sache - **cousa** w
sagen - **dicer**
Salbe - **pomada** w
Salz - **sal** m
sammeln - **coleccionar**
Sand - **area** w
satt - **cheo/a**
Satz (Grammatik) - **frase** w
sauber - **limpo/a**
sauber machen - **limpar**
sauer - **ácido/a**
Schallplatte - **disco** m
scharf - **picante**
Schatten - **sombra** w
Scheck - **cheque** m
Scheiße - **merda** w
Schere - **tesouras** w, Mz.
Scherz - **broma** w
schicken, senden - **enviar**
Schiff - **barco** m
schlafen - **dormir**
Schlafsack - **saco de dormir** m
Schlafzimmer - **dormitorio** m
Schlange (Tier) - **serpe** w
Schlange stehen - **facer cola**
schlagen - **pegar**
schlecht (Adj.) - **malo/a**

schlecht (Adv.) - **mal**
schliessen - **pechar**
Schloß (Gebäude) - **castelo** m
Schlüssel - **chave** w
schmackhaft - **sabroso/a**
Schmerz - **dor** w
schmerzen - **doer**
Schmuck - **xoias** w, Mz.
schmutzig - **suxo/a**
Schnaps - **augardente** w
schneiden - **cortar**
schnell - **rápido/a**
schon - **xa**
schön - **lindo/a**
schreiben - **escreber**
Schuh - **zapato** m
schulden - **deber**
schuldig - **culpable**
Schule - **colexio** m
Schüler/-in - **alumno/a**
schwanger - **embarazada**
schweigen - **calar**
Schweiz - **Suiza**
Schweizer/-in - **suizo/a**
schwer (nicht leicht) - **pesado/a**
Schwester - **irmá** w
schwierig (nicht einfach) - **difícil**
schwimmen - **nadar**
schwitzen - **suar**
See - **lago** m
sehen - **ver**
Sehenswürdigkeit - **lugar de interese**
Seide - **seda** w
Seife - **xabón** m
Seil - **corda** w
sein - **ser, estar**
sein/seine - **o seu/a súa**
seit - **desde**
Seite (Buch) - **páxina** w
Seite (Richtung) - **beira** w
Sekunde - **segundo** m
seltsam - **raro/a**
selten - **rara vez**
setzen, sich - **sentar**
sicher - **seguro/a**
sie (Ez.) - **ela**
sie (Mz.) - **eles/elas**
Sie (Ez.) - **vosté**
Sie (Mz.) - **vostés**
Silber - **prata** w
singen - **cantar**
sitzen - **estar sentado/a**
so - **así, tan**
sofort - **de contado**
Sohn - **fillo** m
solch(e,er,es) - **tal**
sollen - **deber**
Sommer - **verán** m
Sonne - **sol** m
sparen - **aforrar**
spät - **tarde**
spazierengehen - **pasear**
Speise - **comida** w
Speisekarte - **menú** m
Speisesaal - **comedor** m
Spiegel - **espello** m
Spiel - **xogo** m
spielen - **xogar**

spielen (Instrument) - **tocar**
Spielzeug - **xoguete** m
Sport - **deporte** m
Sprache - **lingua** w
sprechen - **falar**
springen - **saltar**
Spritze - **xeringa** w
Staatsangehörigkeit - **nacionalidade** w
Stachel - **pincho** m
Stadt - **cidade** w
Stadtviertel - **barrio** m
stark - **forte**
stehen (Person) - **estar de pé**
Stein - **pedra** w
Stelle, Ort - **lugar** m
stellen - **poñer**
sterben - **morrer**
Stern - **estrela** w
Stil (Architekt .) - **estilo** m
Stimme - **voz** w
Stockwerk - **andar** m
Stoff - **tea** w, **tecido** m
stören - **molestar**
Strafe - **castigo** m
Strand - **praia** w
Straße - **rúa** w
Straßenbahn - **tranvía** m
Streichhölzer - **mistos** m, Mz.
Streik - **folga** w
streiten - **rifar**
Stück - **cacho** m, **peza** w
Student/-in - **estudante**
studieren - **estudar**
Stuhl - **cadeira** w
Stunde - **hora** w
suchen - **buscar**
Süden - **Sur** m
Summe - **suma** w
süß - **doce**

T

Tabak - **tabaco** m
Tablette - **pastilla** w
Tag - **día** m
täglich - **diario/a**
Tal - **val** m
Tankstelle - **gasolinera** w
tanzen - **bailar**
Tasche - **bolsa** w
Taxi - **taxi** m
Teil - **parte** w
Telefon - **teléfono** m
telefonieren - **telefonar**
Telegramm - **telegrama** m
Teller - **prato** m
teuer - **caro/a**
Theater - **teatro** m
tief - **fondo/a**
Tier - **animal** m
Tisch - **mesa** w
Tochter - **filla** w
Tod - **morte** w
Toilette - **servicio** m
Toilettenpapier - **papel hixiénico** m
tot - **morto/a**
töten - **matar**
Tradition - **tradición** w
tragen - **levar, cargar**

träumen (von) - **soñar (con)**
traurig - **triste**
treffen (begegnen) - **topar con**
Treppe - **escaleira** w
trinken - **beber**
Trinkgeld - **propina** w
trocken - **seco/a**
trocknen - **secar**
tschüß - **agur**
tun - **facer**
Tür - **porta** w
Turm - **torre** w

U
üben - **exercitar**
über - **sobre**
über (zeitl.) - **máis de**
überall - **en todas partes**
überfallen - **atracar**
übermorgen - **pasadomañá**
übersetzen (Sprache) - **traducir**
Übersetzer/-in - **traductor/-a**
Überweisung - **transferencia** w
übrig sein - **sobrar**
Uhr - **reloxio** m
um zu ... - **para**
Umgebung - **entorno** m
Umleitung - **desvío** m
umtauschen - **cambiar**
Umweg - **rodeio** m
Umwelt - **medio ambiente** m
unbekannt - **descoñecido/a**
und - **e**
Unfall - **accidente** m
ungefähr - **máis ou menos**
Universität - **universidade** w
unschuldig - **inocente**
unser/unsere - **o noso/a nosa**
unten - **abaixo**
unter - **debaixo de**
Unterhaltung - **diversión** w
Unterkunft - **aloxamento** m
unterrichten (lehren) - **ensinar**
Unterschied - **diferencia** w
unterschreiben - **asinar**
Urlaub - **vacacións** w, Mz.

V
Valuta, Devisen - **divisas** w, Mz.
Vater - **pai** m
verabreden (sich) - **quedar**
Verabredung - **cita** w
verabschieden, sich - **despedirse**
verboten (sein) - **(ser) proibido**
Verbrechen - **crime** m
verdienen - **gañar**
vergessen - **esquecer**
vergnügen, sich - **divertirse**
verheiratet - **casado/a**
verirren, sich - **perderse**
verkaufen - **vender**
verleihen (an) - **emprestar (a)**
verletzt - **ferido/a**
Verletzung - **lesión** w
verlieben, sich - **namorar**
verlieren (Dinge) - **perder**
vermieten - **alugar**
Vermittlung - **mediación** w

Versicherung - **seguro** m
verspäten, sich - **retrasarse**
versprechen - **prometer**
versprechen, sich - **trabucar**
verstehen - **entender**
versuchen - **tentar**
Vertrag - **contrato** m
Verwaltung - **administración** w
verzeihen - **perdoar**
viel - **moito/a**
vielleicht - **quizais**
Vogel - **paxaro** m
Volk - **povo** m
voll - **cheo/a**
von - **de**
vor (örtl.) - **diante de**
vor (zeitl.) - **antes de**
vorbeigehen - **pasar**
vorbereiten - **preparar**
vorgestern - **antonte**
vorher - **antes**
Vormittag - **mañá** w
Vorname - **nome propio** m
vorne - **diante**
vorschlagen - **propor**
Vorsicht! - **¡Cuidado!**
vorstellen (Imagination) - **maxinar**
vorstellen, sich - **apresentarse**
Vorwahlnummer - **prefixo** m

W

Wagen - **carro** m
Wahrheit - **verdade** w
während - **durante**
Wald - **bosque** m
Wand - **parede** w
wandern - **andar**
wann - **cando**
Ware - **mercadoría** w
warm - **quente**
warten - **agardar**
warum - **por que**
was - **que**
waschen - **lavar**
waschen, sich - **lavarse**
Wasser - **auga** w
Watte - **algodón** m
wechseln - **cambiar**
wecken - **espertar a**
weder ... noch - **nen ... nen**
Weg - **camiño** m
wegen - **por mor de**
wegwerfen - **botar**
weiblich - **feminino/a**
weich - **brando/a**
weil - **porque**
weinen - **chorar**
weit - **lonxe**
welcher/welche - **cal**
Welt - **mundo** m
wenig - **pouco/a**
weniger - **menos**
wenn (als) - **cando**
wenn (falls) - **se**
wer - **quen**
werden - **porse**
Werkzeug - **ferramenta** w
wert sein - **valer**

Westen - **Oeste** m
Wetter - **tempo** m
wichtig - **importante**
wie - **como**
wieder - **de novo**
wiederholen - **repetir**
wiegen - **pesar**
wieviel - **canto**
Wind - **vento** m
Winter - **inverno** m
wir - **nós**
wissen - **saber**
wo - **onde**
Woche - **semana** w
woher - **de onde**
wohin - **a onde**
wohnen - **morar**
Wohnung - **piso** m
Wohnwagen - **caravana** w
Wolke - **nube** w
wollen - **querer**
Wort - **palabra** w
Wörterbuch - **diccionario** m
Wunde - **ferida** w
Wunsch - **desexo** m
wünschen - **desexar**

Z

zahlen - **pagar**
Zahnarzt - **dentista**
Zahnpasta - **pasta de dentes** w
zeichnen - **debuxar**
zeigen - **amosar**
Zeit - **tempo** m
Zeitung - **xornal** m
Zelt - **tenda de campaña** w
Zentrum - **centro** m
Zeuge/Zeugin - **testemuña** w
ziehen - **tirar**
ziemlich - **bastante**
Zigarette - **pitillo** m
Zimmer - **cuarto** m, **habitación** w
Zoll - **alfándega** w
zu - **a**
zu (+ Adjektiv) - **demasiado**
zu Fuß - **a pé**
zufrieden - **contento/a**
Zug - **tren** m
zuhören - **escoitar**
zurück - **de volta**
zurückkehren - **voltar**
zusammen - **xuntos/as**
zuviel - **demasiado/a**
Zweifel - **dúvida** w
zwischen - **entre**

Galicisch - Deutsch

A

a - nach (Richtung), zu
a carón de - neben
á dereita - rechts
á esquerda - links
a modo - langsam (Adv.)
a onde - wohin
a pé - zu Fuß
a tempo - rechtzeitig
a ver - mal sehen
a vindeira vez - nächstes Mal
abaixo - unten
abrir - öffnen
aburrido/a - langweilig
acabar - aufhören
accidente m - Unfall
aceite m - Öl
acender - anschalten, einschalten
ácido/a - sauer
acolledor/-a - gemütlich
acompañar - begleiten
acontecimento m - Ereignis
administración w - Verwaltung
adrede - absichtlich
aeroporto m - Flughafen
afacerse (a) - sich gewöhnen (an)
afeitarse - sich rasieren
aforrar - sparen
agardar - warten
agasallo m - Geschenk
agora - jetzt
agradecer - danken
agricultura w - Landwirtschaft
agulla w - Nadel
agur - tschüß
aí - da
aínda - noch
aire m - Luft
alcool m - Alkohol
aldea w - Dorf
alegrarse - sich freuen
alemán/-a - deutsch
alemán/-a - Deutscher/Deutsche
Alemaña - Deutschland
alfándega w - Zoll
algo - etwas
algodón m - Watte
alguén - jemand
algún/algunha - irgendein/e
algúns/algunhas - paar (ein)
alá - dort(hin)
alimentos m, Mz. - Lebensmittel
almorzar - frühstücken
almorzo m - Frühstück
aloxamento m - Unterkunft
alto/a - hoch
alugar - mieten, vermieten
alumno/a - Schüler/-in
ama de casa w - Hausfrau
amable - freundlich
amar - lieben
ambulancia w - Rettungswagen
amigo/a - Freund/-in
amizade w - Freundschaft

amolar - belästigen
amosar - zeigen
ancho/a - breit
andar m - Etage, Stockwerk
andar - wandern
andén m - Bahnsteig
anfitrión/-a - Gastgeber/-in
animal m - Tier
ano m - Jahr
anotar - notieren
antes - vorher
antes de - vor, bevor (zeitl.)
antonte - vorgestern
anual - jährlich
anuncio m - Anzeige
apagar - ausschalten
aparcamento m - Parkplatz
aparcar - parken
apelido m - Familienname
aprender - lernen
apresentarse - sich vorstellen
aquel/-a - jener/jene
aquí - hier
árbore w - Baum
arder - brennen
area w - Sand
arriba - oben
arte w - Kunst
artesanía w - Kunstgewerbe
ás veces - manchmal
así - so
asinar - unterschreiben
ata logo - auf Wiedersehen
ata - bis
atopar - finden
atracar - überfallen
atrás - hinten
auga w - Wasser
augardente w - Schnaps
Austria - Österreich
austríaco/a - Österreicher/-in
auténtico/a - echt
autobús m - Bus
avaría w - Panne
avión m - Flugzeug
avisar - benachrichtigen
avó m - Großvater
avóa w - Großmutter
avogado/a - Anwalt/Anwältin
axencia de viaxes w - Reisebüro
axiña - bald
axuda w - Hilfe
axudar - helfen

B

bailar - tanzen
baixar - runtergehen, aussteigen
baixo/a - niedrig
banco m - Bank
bañador m - Badehose
bañarse - baden
baño m - Bad
bar m - Kneipe
barato/a - billig
barco m - Boot; Schiff
barrio m - Stadtviertel
bastante - ziemlich
bébedo/a - betrunken

beber - trinken
bebida w - Getränk
beira w - Seite (Richtung)
ben - gut (Adv.)
berrar - rufen, schreien
bicar - küssen
bicicleta w - Fahrrad
bico m - Kuß
billete m - Fahrkarte
billete de avión m - Flugticket
bo/boa - gut (Adj.)
boina w - Baskenmütze
boligrafo m - Kugelschreiber
bolsa w - Tasche
bosque m - Wald
botar - wegwerfen
botella w - Flasche
brando/a - weich
broma w - Scherz
bulir - beeilen, sich
burato m - Loch
buscar - suchen

C

ca - als (Vergleich)
cabalo m - Pferd
cacho m - Stück
cada vez - jedesmal
cada (un/unha) - jeder/jede
cadeira w - Stuhl
caderno m - Heft
caer - fallen
caixa w - Kasse
cal - welcher/welche
calar - schweigen
calcular - rechnen
calefacción w - Heizung
calidade w - Qualität
calor w - Hitze
cama w - Bett
cámara de fotos w - Fotoapparat
camareiro/a - Kellner/-in
cambiar - wechseln; umtauschen
camiño m - Weg
camping m - Campingplatz
campo m - Feld
can m - Hund
canción w - Lied
cando - wann; wenn; als
canso/a - müde
cantar - singen
cantidade w - Menge, Quantität
canto - wieviel
caravana w - Wohnwagen
cárcere m - Gefängnis
cargar - tragen
carne w - Fleisch
carné de identidade m - Ausweis
caro/a - teuer
carrete (de cor) m - (Farb-)Film
carro m - Wagen
carta w - Brief
carteira w - Brieftasche
cartos m, Mz. - Geld
casa w - Haus
casado/a - verheiratet
case - fast
castelo m - Burg; Schloß

castigar - bestrafen
castigo m - Strafe
catar - kosten (probieren)
cea w - Abendessen
cedo - früh
celebración w - Feier
celebrar - feiern
centro m - Zentrum
ceo m - Himmel
cepillo m - Bürste
certo/a - richtig
cervexa w - Bier
cesta w - Korb
chamar por teléfono - anrufen
chan m - Boden
chao/cha - flach
chave w - Schlüssel
chegada w - Ankunft
chegar - ankommen
cheo/a - voll; satt
cheque m - Scheck
chisco, un - bißchen, ein
chorar - weinen
chover - regnen
chuvia w - Regen
cidadán/cidadá - (Staats-)Bürger/-in
cidade w - Stadt
cinema m - Kino
cita w - Verabredung
claro/a - hell
cobrar - kassieren
coche m - Auto
cociña w - Küche
cociñar - kochen
coitelo m - Messer
coleccionar - sammeln
colexio m - Schule
colorido/a - bunt
comedor m - Speisesaal
comer - essen
comezar - anfangen
comida w - Speise
como - wie
complicado/a - kompliziert
compresa w - Damenbinde
con - mit
concerto m - Konzert
condón m - Kondom
conducir, ir - fahren
conductor/-a - Chauffeur/-in
consello m - Rat
construir - bauen
consulado m - Konsulat
conta w - Rechnung
contar - erzählen
contento/a - zufrieden
conto m - Erzählung
contra - gegen
contrato m - Vertrag
controlar - kontrollieren
conversa w - Gespräch
convidar - einladen
coñecer - kennen(-lernen)
cor w - Farbe
corda w - Seil
cordial - herzlich
corpo m - Körper
correo m - Post

Correos - Postamt
correr - laufen, rennen
cortar - schneiden
coser - nähen
costume m - Brauch
cousa w - Ding, Sache
crer - glauben
crime m - Verbrechen
crú/crua - roh
cruz w - Kreuz
cuadro m - Bild
cuarto m - Zimmer
cubrir - ausfüllen (Formular)
¡Cuidado! - Vorsicht!
culler w - Löffel
culpable - schuldig
cumio m - Gipfel
cumpreanos m - Geburtstag
cura m - Priester
curioso/a - neugierig
curto/a - kurz
custar - kosten (Preis)

D

daquela - damals
daquela - also
dar - geben
data w - Datum
de - von; aus
de acordo - einverstanden
de contado - sofort
de novo - wieder
de onde - woher
de súpeto - plötzlich
de volta - zurück
debaixo de - unter
deber - schulden; sollen
debuxar - zeichnen
decidir - entscheiden
decote - oft
dedo m - Finger
deixar - lassen
deixar de - aufhören zu
delgado/a - dünn
demasiado - zu (+ Adjektiv)
demasiado/a - zuviel
dentista - Zahnarzt
dentro - drinnen
dentro de - in
denuncia w - Anzeige
deporte m - Sport
dereito m - Recht
desafortunadamente - leider
descansar - sich erholen
desconto m - Ermäßigung
descoñecido/a - unbekannt
desculparse - sich entschuldigen
desde - seit
desexar - wünschen
desexo m - Wunsch
despedirse - sich verabschieden
despois - danach
despois de - nach (Zeit)
desvío m - Umleitung
deter - halten
deus/-a - Gott/Göttin
día m - Tag
diante - vorne

diante de - vor (örtlich)
diario/a - täglich
diarrea w - Durchfall
diccionario m - Wörterbuch
dicer - sagen
diferencia w - Unterschied
difícil - schwierig
diñeiro m - Geld
dirección w - Richtung
disco m - Schallplatte
diversión w - Unterhaltung
divertido/a - lustig
divertirse - sich vergnügen
divisas w, Mz. - Valuta, Devisen
doado/a - einfach
doce - süß
documento m - Dokument
doer - schmerzen
dono/a - Besitzer/-in
dor w - Schmerz
dormir - schlafen
dormitorio m - Schlafzimmer
durante - während
durar - dauern
duro/a - hart
dúvida w - Zweifel

E

e - und
edificio m - Gebäude
educado/a - höflich
el/ela - er/sie
eles/elas - sie (Mz.)
embaixada w - Botschaft (dipl.)
embarazada - schwanger
emigración w - Emigration
empregado/a - Angestellte/r
emprestar (a) - verleihen (an)
empuxar - drücken
en - auf; in
en efectivo - bar
en frente de - gegenüber
en todas partes - überall
enderezo m - Adresse
enfermidade w - Krankheit
enfermo/a - krank
engadir - hinzufügen
enganar - betrügen
ensinar - lehren, unterrichten
enteiro/a - ganz
entender - verstehen
entorno m - Umgebung
entrada w - Eingang; Eintrittskarte
entrar - eintreten
entre - zwischen
enviar - schicken, senden
equipaxe w - Gepäck
equivocarse - sich irren
erguerse - aufstehen
erro m - Fehler
erva w - Gras
escaleira w - Treppe
escoitar - zuhören
escreber - schreiben
escuro/a - dunkel
especia w - Gewürz
espello m - Spiegel
esperar - hoffen

espertar - aufwachen
espertar a - wecken
espido/a - nackt
espirse - sich ausziehen
esquecer - vergessen
estación w - Jahreszeit
estación de tren w - Bahnhof
estancia w - Aufenthalt
estar - sein
estar deitado/a - liegen
estar de pé - stehen (Person)
estar resfriado/a - erkältet sein
estar sentado/a - sitzen
este/esta - dieser/diese
estilo m - Stil (Architektur)
estrada w - Landstraße
estranxeiro/a - ausländisch; Ausländer/-in
estranxeiro m - Ausland
estraño/a - fremd
estreito/a - eng
estrela w - Stern
estudante - Student/-in
estudar - studieren
estupendo/a - ausgezeichnet
eu - ich
exacto/a - genau
exame m - Prüfung
exemplo m - Beispiel
exercitar - üben
éxito m - Erfolg
explicar - erklären
exportación w - Ausfuhr
exposición w - Ausstellung

F

fábrica w - Fabrik
facer - machen, tun
facer cola - Schlange stehen
falar - reden, sprechen
falso/a - falsch
falta w - Fehler
faltar - fehlen
fame w - Hunger
familia w - Familie
famoso/a - berühmt
faragulla w - Krümel
farmacia w - Apotheke
febre w - Fieber
felicidade - Glück
felicitar - gratulieren
feliz - glücklich
feminino/a - weiblich
ferida w - Wunde
ferido/a - verletzt
ferramenta w - Werkzeug
ferrocarril m - Eisenbahn
festa w - Fest
fillo/a - Sohn/Tochter
fin m - Ende
fío m - Faden
fixo/a - fest
flor w - Blume
folga w - Streik
folla w - Blatt
folleto m - Prospekt
fondo/a - tief
fonte w - Quelle
fora - draußen

forte - stark; laut
forza w - Kraft
fotografar - fotografieren
fotografía w - Fotografie
frase w - Satz (Grammatik)
fresco/a - kühl; frisch (Obst)
frío/a - kalt
froita w - Obst
froito m - Frucht
fronteira w - Grenze
fumar - rauchen
fume m - Rauch

G
galego/a - galicisch; Galicier/-in
Galicia - Galicien
galiña w - Huhn
galo m - Hahn
ganas w, Mz. - Lust
gañar - verdienen; gewinnen
garfo m - Gabel
gas m - Gas
gasolina w - Benzin
gasolinera w - Tankstelle
gastar - ausgeben (Geld)
gata w - Katze
goberno m - Regierung
goma w - Gummi
gorro m - Mütze
gracias - danke
gramo m - Gramm
grande - groß
gratis - kostenlos
graxa w - Fett
gripe w - Grippe
groso/a - dick
grupo m - Gruppe
guerra w - Krieg
guía - Reiseleiter/-in; Reiseführer
gustar - gefallen
gusto m - Geschmack

H
habitación w - Zimmer
habitante - Einwohner/-in
historia w - Geschichte
hixiene w - Hygiene
home m - Mann; Ehemann
hora w - Stunde
horario m - Fahrplan
hóspede - Gast
hospital m - Krankenhaus
hospitalidade w - Gastfreundschaft
hoxe - heute
húmido/a - feucht

I
ida w - Hinfahrt
idade w - (Lebens-)Alter
igrexa w - Kirche
igual - gleich; egal
illa w - Insel
importación w - Einfuhr
importante - wichtig
impreso m - Formular
incendio m - Brand
incluido/a - inbegriffen
industria w - Industrie

información w - Auskunft
informarse - sich informieren
inglés - englisch
inocente - unschuldig
insecto m - Insekt
interesante - interessant
interesarse por - sich interessieren für
internacional - international
intérprete - Dolmetscher/-in
inverno m - Winter
invitación w - Einladung
ir - gehen
irmá w - Schwester
irmán m - Bruder
irmáns m, Mz. - Geschwister
isto - dies

L

labrego/a - Bauer/Bäuerin
lacazán/lacazá - faul (träge)
lago m - See
lámpada w - Lampe
lapis m - Bleistift
lavar(se) - (sich) waschen
ledo/a - fröhlich
lei w - Gesetz
lembrarse - sich erinnern
lentes w, Mz. - Brille
lento/a - langsam (Adj.)
ler - lesen
lesión w - Verletzung
Leste m - Osten
letra w - Buchstabe
levantar - heben
levar - mitnehmen; tragen
levar razón - recht haben
libre - frei
libro m - Buch
ligar - flirten
limpar - sauber machen
limpo/a - sauber
lindo/a - schön
lingua w - Sprache
líquido m - Flüssigkeit
listo/a - klug; fertig
litro m - Liter
lixeiro/a - leicht (nicht schwer)
lixo m - Müll
logo - dann
loiro/a - blond
longo/a - lang
lonxe - weit
lúa w - Mond
lugar m - Stelle, Ort
lugar de interese m - Sehenswürdigkeit
lume m - Feuer
luz w - Licht

M

machista m - Macho
madeira w - Holz
maduro/a - reif
máis - mehr
máis de - über (zeitl.)
máis ou menos - etwa, ungefähr
mal - schlecht (Adv.)
maleta w - Koffer

malo/a - schlecht (Adj.)
manta w - Decke (Bett)
mañá - morgen
mañá w - Morgen, Vormittag
mapa m - Landkarte
máquina w - Maschine
mar m - Meer
marchar - gehen; abreisen
masculino/a - männlich
matar - töten
matrimonio m - Ehepaar
maxinar - vorstellen (Imagination)
mediación w - Vermittlung
medicamento m - Medikament
médico/a - Arzt/Ärztin
medio ambiente m - Umwelt
mediodía m - Mittag
medo m - Angst
mellor - besser
menos - weniger
mentir - lügen
menú m - Speisekarte
mercado m - Markt
mercadoría w - Ware
mercar - kaufen
merda w - Scheiße
mes m - Monat
mesa w - Tisch
metade w - Hälfte
minuto m - Minute
misa w - Messe (kath.)
mistos m, Mz. - Streichhölzer
moble m - Möbel
mochila w - Rucksack
moito/a - viel
molestar - stören
mollado/a - naß
montaña w - Gebirge
monte m - Berg
monumento m - Denkmal
morar - wohnen
morder - beißen
moreno/a - dunkelhaarig, -häutig
morrer - sterben
morte w - Tod
morto/a - tot
moto w - Motorrad
motor m - Motor
motora w - Motorboot
mover - bewegen
muiño m - Mühle
muller w - Frau; Ehefrau
multa w - Geldstrafe
mundo m - Welt
museo m - Museum
música w - Musik

N

nacionalidade w - Staatsangehörigkeit
nada - nichts
nadar - schwimmen
nai w - Mutter
namorar - sich verlieben
natural - natürlich (nicht künstl.)
natureza w - Natur
necesitar - brauchen
negocio m - Handel
nen ... nen - weder ... noch

nen seguer - nicht einmal
neno/a - Kind
nevera w - Kühlschrank
ninguén - niemand
ningures - nirgendwo/-hin
noite w - Nacht
nome (propio) m - (Vor-)Name
non - nicht, nein
normal - normal
Norte m - Norden
nós - wir
nova w - Nachricht
novo/a - neu; jung
nube w - Wolke
número m - Nummer
nunca - niemals

O

Oeste m - Westen
ofender - beleidigen
oficina w - Büro
oir - hören
olá - hallo
olor m - Geruch
onde - wo
onte - gestern
organizar - organisieren
órgano m - Organ
ou - oder
ouro m - Gold
outono m - Herbst
outra vez - noch einmal
ovo m - Ei

P

paciente - Patient/-in
pagar - (be)zahlen
pai m - Vater
pais m, Mz. - Eltern
país m - Land
paisaxe w - Landschaft
palabra w - Wort
pan m - Brot
papel (hixiénico) m - (Toiletten-)Papier
paquete m - Paket
par m - Paar
para - für; um zu ...
para que - damit
parada w - Haltestelle
parar - anhalten
paraugas m - Regenschirm
parede w - Wand
parella w - Partner/-in; Paar
parque m - Park
parte w - Teil
partir - abreisen
parvo/a - dumm
pasadomañá - übermorgen
pasaporte m - Paß
pasar - vorbeigehen
pasear - spazierengehen
pasta de dentes w - Zahnpasta
pasteis m, Mz. - Gebäck
pastilla w - Tablette
pausa w - Pause
paxaro m - Vogel
páxina w - Seite (Buch)
paz w - Frieden

pechar - schliessen
pedido m - Bestellung
pedir - bitten; bestellen
pedra w - Stein
pegar - schlagen
peite m - Kamm
peito m - Brust
peixe m - Fisch
película w - Film
peliroxo/a - rothaarig
pelota w - Ball
pensar - denken
pequeno/a - klein
perder - verlieren
perderse - sich verirren
perdoar - verzeihen
perigoso/a - gefährlich
permiso m - Erlaubnis
permitir - erlauben
pero - aber
perruquería w - Friseursalon
persoa w - Mensch; Person
pesado/a - schwer (nicht leicht)
pesar - wiegen
pescar - fischen
peso m - Gewicht
peza w - Stück
peza de recambio w - Ersatzteil
picante - scharf
pila w - Batterie
pincho m - Stachel
pintar - malen
piso m - Wohnung
pitillo m - Zigarette
planchar - bügeln
planta w - Pflanze
pneumático m - Reifen
pobre - arm
poder - dürfen; können
poder m - Macht
podre - faul (Obst)
policía w - Polizei
política w - Politik
pomada w - Salbe
ponte w - Brücke
poñer - legen; stellen
por - für; durch (hindurch)
por favor - bitte
por fin - endlich
por iso - darum
por mor de - wegen
por que - warum
porque - weil
porse - werden
porta w - Tür
porto m - Hafen
posible - möglich
postal w - Postkarte
pouco/a - wenig
povo m - Volk
praia w - Strand
prata w - Silber
prato m - Teller
praza w - Platz
preciso/a - notwendig
prefixo m - Vorwahlnummer
pregunta w - Frage
preguntar - fragen

prender - anzünden
preparar - vorbereiten
presa w - Eile
preto - nah
prezo m - Preis
primavera w - Frühling
privado/a - privat
proba w - Beweis
probar - probieren
problema m - Problem
profesor/-a - Lehrer/-in
profisión w - Beruf
programa m - Programm
proibido - verboten
prometer - versprechen
pronuncia w - Aussprache
propiedade w - Eigentum
propina w - Trinkgeld
propor - vorschlagen
puntual - pünktlich
pus m - Eiter

Q

que - daß; was
quedar - (sich) verabreden; bleiben
queixarse - sich beschweren
quen - wer
quente - heiß, warm
querer - wollen; lieben
quizais - vielleicht

R

radio w - Radiogerät
rapaz m - Junge
rapaza w - Mädchen
rápido/a - schnell
rara vez - selten
raro/a - seltsam
recado m - Nachricht
receber - bekommen; empfangen
recomendar - empfehlen
recordar - sich merken
recordo m - Andenken
redondo/a - rund
regatear - feilschen
relación w - Beziehung
reloxio m - Uhr
rematar - beenden
remolcar - abschleppen
reparar - reparieren
repetir - wiederholen
reserva w - Platzkarte
reservar - buchen; reservieren
respirar - atmen
responder - antworten
resposta w - Antwort
restaurante m - Restaurant
retrasarse - sich verspäten
rexistrar - registrieren
rico/a - reich
rifar - streiten
río m - Fluß
rir - lachen
roda w - Rad
rodeio m - Umweg
roto/a - kaputt
roubo m - Diebstahl
roupa w - Kleidung

roupa da cama w - Bettzeug
rúa w - Straße
ruela w - Gasse
ruido m - Lärm

S

saba w - Laken
saber - wissen
sabor m - Geschmack
sabroso/a - schmackhaft
sacar - herausholen
saco de dormir m - Schlafsack
saída w - Ausgang; Ausreise
saír - abfahren; abfliegen
sal m - Salz
sala w - Raum
saltar - springen
san/sá - gesund
sangue m - Blut
saudar - (be)grüßen
saúde w - Gesundheit
se - wenn (falls), ob
secar - trocknen
seco/a - trocken
seda w - Seide
sede w - Durst
segundo m - Sekunde
seguro m - Versicherung
seguro/a - sicher
selo m - Briefmarke
semana w - Woche
sempre - immer
sen - ohne
sentar - sich setzen
sentimento m - Gefühl
sentirse - sich fühlen
señor m - Herr
ser - sein
serán m - Abend
serpe w - Schlange (Tier)
servicio m - Toilette
si - ja
silenzo m - Ruhe
simpático/a - nett
simple - einfach
situación w - Lage
so/soa - allein
só - nur
sobrar - übrig sein
sobre - über
sobre m - Briefumschlag
sociedade w - Gesellschaft
sol m - Sonne
soldo m - Lohn, Gehalt
solteiro/a - ledig
sombra w - Schatten
soñar (con) - träumen (von)
sorrir - lächeln
sorte w - Glück
soster - halten
suar - schwitzen
subir - einsteigen
suficiente - genug
Suiza - Schweiz
suizo/a - Schweizer/-in
suma w - Summe
Sur m - Süden
suxo/a - schmutzig

T

tabaco m - Tabak
tal - solch(e,er,es)
talla w - Größe (Kleidung u.ä.)
taller m - Autowerkstatt
tamaño m - Größe
tamén - auch
tampouco - auch nicht
tarde - spät
tarde w - Nachmittag
tarifa w - Fahrpreis
tarxeta w - Karte
taxa w - Gebühr
taxi m - Taxi
tea w, tecido m - Stoff
teatro m - Theater
telefonar - telefonieren
teléfono m - Telefon
telegrama m - Telegramm
televisión w - Fernsehen
televisor m - Fernsehgerät
tellado m - Dach
tempo m - Wetter; Zeit
tenda w - Geschäft (Laden)
tenda de campaña w - Zelt
tentar - versuchen
ter - haben
ter frío - frieren
ter medo (a) - sich fürchten (vor)
ter que - müssen
terra w - Erde
tesouras w, Mz. - Schere
testemuña w - Zeuge/Zeugin
ti - du
tirar - ziehen
tirita w - Pflaster
tocar - berühren; spielen (Instrument)
todo - alles
todo recto - geradeaus
tomar - nehmen
topar con - treffen (begegnen)
torre w - Turm
traballador/-a - Arbeiter/-in
traballar - arbeiten
traballo m - Arbeit
trabucar - sich versprechen
tradición w - Tradition
traducir - übersetzen (Sprache)
traductor/-a - Übersetzer/-in
traer - bringen
tranquilo/a - ruhig
transbordador m - Fähre
transferencia w - Überweisung
tranvía m - Straßenbahn
tras de - hinter
tratar - behandeln
traxe de baño m - Badeanzug
tren m - Zug
trevoada w - Gewitter
triste - traurig

U

último/a - letzter/letzte
una vez - einmal
universidade w - Universität
uns/unhas - einige
urxente - dringend

V

vaca w - Kuh
vacacións w, Mz. - Urlaub, Ferien
vacinar - impfen
val m - Tal
valeiro/a - leer
valer - wert sein
válido/a - gültig
vasilla w - Gefäß
vaso m - (Trink-)Glas
veciño/a - Nachbar/-in
vello/a - alt
vello/a - Alter/Alte
vender - verkaufen
veneno m - Gift
vento m - Wind
ver - sehen
verán m - Sommer
verdade w - Wahrheit
verdura w - Gemüse
viaxar - reisen
viaxe w - Reise
vida w - Leben
vidro m - Glas (Material)
vir - kommen
visita w - Besuch
visitar - besichtigen; besuchen
viver - leben
voar - fliegen
voda w - Hochzeit
volta w - Rückfahrt
voltar - zurückkehren
voo m - Flug
vós - ihr
vosté/vostés - Sie (Ez./Mz.)
voz w - Stimme

X

xa - schon
xa non - nicht mehr
xabón m - Seife
xanela w - Fenster
xantar m - Mittagessen
xardín m, horta w - Garten
xefe/a - Chef/-in
xelado m - Eis (Speise-)
xelo m - Eis
xente w, Ez. - Leute
xeringa w - Spritze
xogar - spielen
xogo m - Spiel
xoguete m - Spielzeug
xoias w, Mz. - Schmuck
xornal m - Zeitung
xornalista - Journalist/-in
xuntos/as - zusammen

Z

zapato m - Schuh
zona w - Gegend

Die Autoren

David Casado-Neira ist 1968 in Vigo/Galicien geboren und hat in Madrid Anthropologie studiert. Zur Zeit lebt er in Santiago de Compostela und arbeitet als Dozent am Fachbereich für Soziologie der Universität Vigo. Er hat zwei Jahre in Finnland verbracht und daher selbst "Ausländererfahrung".

"Auf Galicisch ist alles viel schöner, toller und schmeckt besser. Ehrlich!"

Katharina Diestelmeier, geboren 1969 in Böblingen/Baden-Württemberg, ist Buchhändlerin und studiert deutsche und spanische Literaturwissenschaft (zunächst in Marburg, jetzt an der Freien Universität Berlin). Wegen ihres Spanischstudiums hat sie ein Jahr in Santiago de Compostela gelebt und dort beschlossen, Galicisch zu lernen.

"Seitdem bin ich süchtig nach galicischem Regen, Weißwein in Tassen und Wörtern mit x."